El noctámbulo

Juan-José Reyes Ríos

Dedico esta obra a mi esposa

<u>SINOPSIS</u>

'El noctámbulo', es una novela poético-reflexiva, de exaltados momentos épicos y líricos, alucinante en varios pasajes, y con clara afinidad con el panteísmo, la cual paulatinamente se va transformando en una novela romántica. Es la narración de un anciano escritor setentón, viudo de su esposa Dolores, a la que amó con absoluta sinceridad; y reconociendo, después de siete años de la muerte de su amada y de escasez literaria, que, si bien lo ya publicado no llevaba el signo de la mediocridad, tampoco le concedió el mínimo renombre. Un día, de súbito, se siente renacido espiritualmente, y logra penetrar hasta lo más recóndito del ser y existir humanos. Comienza anotando su doctrina estética, para seguir con la narración de vivencias de naturaleza extraordinaria. En su morada aparece una motita de polvo que será motivo de situaciones de genuina índole.

Prólogo

Hoy a casi nadie le ocurre algo digno de ser contado.
La generalidad de los hombres nadamos en el océano de la
vulgaridad.

Pío Baroja, *Las inquietudes de Shanti Andía*

Y, desde ese océano de vulgaridad, asomo mi faz sobre la superficie

de las aguas, anotando imágenes seductoras, metáforas atrevidas y un

sinfín de guiños y hermosas verbalizaciones que quiebren la atonía

existencial. Solamente existe un hermoso baluarte y no es el de la

vulgaridad, sino el de la espiritualidad que trata de superar la ociosa y

visible realidad.

Un lenguaje diferente y renovador –como fue, en su momento, el

modernista- no sólo sirve al ser, sino que lo conduce a unas vivencias

que superan la monotonía, la atonía de la existente e inmóvil realidad.

Lo cotidiano se yergue, metamorfoseado, con un vibrante esencialidad,

con una disposición que rompe los esquemas más apáticos e insensibles

del lenguaje poético.

La musicalidad, el ritmo y las intuiciones que se elevan hacia la cósmica y unitaria universalidad, nos aportan un torrente de metáforas, de comparaciones, de juegos verbales, de un lenguaje hermoso con oleaje de eternidad.

Con la metáfora nos llega la renacida idea, aquella que permanecía oculta, secreta en nuestro universo interior. Mi pretensión de escritor es la de ocasionar un temblor en el lector mediante un tejido verbal de catártica virtud, que además desvele los laberintos del alma humana.

Anhelo que mis figuras y símbolos quiebren, con su osadía, la agonía de una metafísica ausente o confinada. Navegar hacia lo bello y misterioso, será mi única empresa, y con mi gracia verbal suscitar una renovada creación. Además, si sirve de algo, siempre tuve presente la humana regeneración como concepto contrario a la deshumanización.

(1)

Aclárame, Musa, si la realidad que ahora percibo, es la misma que concibieron y legaron los sabios de la antigüedad, o, por el contrario, es una realidad producto de la voluble alucinación, de la fugaz ensoñación, de la caprichosa distorsión, o de efímero divertimento de un anciano achacoso. ¿Cuál es, dime, la verdadera medida del sueño generador de un hombre? ¿Puede vislumbrar como la llama luminosa y ascendente de una vela, la cual aspira a un sueño de infinito resplandor? Si el sueño -como afirmaban los pitagóricos- no es presagio, adivinación u oniromancia, sino contacto con una región superior donde el espíritu, libre de la atadura corporal, está en plena armonía con la ordenación del universo, aunque sea en un estado de subconsciencia; quisiera yo que el mío floreciera en un azul semejante al del éter.

Comenzaré diciendo que soy un anciano de setenta años, viudo, misántropo y panteísta, cuyo nombre es Ángel Grato. No he sido un escritor mediocre hasta el momento del fallecimiento de mi amada esposa hace siete años, pero tampoco ahondé como debiera en los problemas metafísicos del ser y del existir. Desde entonces, no he escrito una palabra, salvo este Diario que redacto ahora, para que el alma de Dolores, mi adorada esposa, a la que echo de menos durante todas las horas del día, si aún pervive en alguna región del espacio sideral, pueda asomarse y leerlo mientras lo escribo.

Tras mi transformación y evidente expansión interior, operada después del fallecimiento de mi amada esposa, sentí un tan asombroso como increíble renacimiento: miraba las cosas y los hechos de un modo nuevo, más espiritual, más vinculado a la realidad total del universo que nos anima, cuyas formas y matices son visibles en plantas y animales, sean estos acuáticos, terrestres o aéreos. Fue, en definitiva, un profundo acercamiento al reino de la Poesía, que ya había tanteado con anterioridad; y la expresión *Imaginación creadora*, se me impuso de un modo irresistible. Otro ideal, bien diferente al de los años de mi trivial publicación literaria, dirigió mis pasos, trazando un rumbo ajeno a mi anterior decadencia.

Vivo en una casita que mi esposa y yo compramos en una aldea cercana al litoral marítimo, recreándome entre sueño y realidad, entre un fidedigno ideal y el hormigueo de una fluctuante, tortuosa y degenerada realidad envolvente, presentadora de insufrible malestar y sombría decadencia. Ahora mi avejentado cuerpo sólo obedece al espíritu que lo sostiene y anima, mas soy plenamente consciente de la fuerza interior que me estremece. Mi corazón sensible es el de un soñador que solamente ve claroscuros en una realidad que se quiebra día tras día. A los poderes divinos o demoníacos me referiré más adelante, pues sucesos que rayan con el humano delirio serán descritos con estimulante o dolorosa impresión. ¡Oh flor alegórica, símbolo de la verdad y del conocimiento incuestionables! Utopía y realidad, como poesía y vida, en completa armonía y sin reduccionismos. Confesaré que sólo gozo con las imágines suministradas por mi microcosmos; imágenes que no tienen ningún parentesco con las de la múltiple y espuria realidad visible.

La sabiduría -recuerdo que dijo Heráclito- *es el pensamiento que gobierna todas las cosas*; pero pocos son los que dedicaron, dedican y dedicarán sus vidas en profundizar en la verdad y así aletear en la divinidad. El que accede, una vez ha traspasado el umbral, se halla en presencia de intensa luz, como cuando se abre el santuario a los ojos de los iniciados. Sí, he de reconocer, como comprendieron los antiguos, que el ser primordial e inteligible es esencialmente puro, y creadora su virtud. Memoria e imaginación son el fuego de mi soledad, de mi íntimo impulso, las facultades que me apartan decisivamente del general empobrecimiento cultural.

En el seno del universo hállase la *Inteligencia eternal*, una inteligencia motriz, ordenadora, generadora de vida y siempre portadora del signo vital. He comprendido, acaso muy tarde, que buscando la verdad se aspira a la divinidad, a esa divinidad que nos aportó el misterioso universo. Él es, para mí, un santuario consagrado a la vida, en el que no tienen cabida los ritos, pero sí las ansias de revelar los misterios. Harto estoy de las tinieblas y oscuridades rodeadas de sombras que provocan malestar y decadencia en la realidad político-social; por eso anhelo hallar la luz generadora y limpiar mis ojos ya cegados por la ignorancia, seguro que de este modo me uniré con inteligencia al movimiento floreciente de todas las cosas, a un movimiento ajeno a intereses, corrupciones y vicios sin nombre. ¡Oh, llama fecundadora que iluminas en vez de incendiar!

Así me aparto de las huecas invectivas de muchos poetas, que piensan que con su elocuencia y agresivo discurso lograrán cambiar caracteres, posturas y el discurrir mundanal. A la condición trágica de la naturaleza humana hay que oponerle un discurrir esperanzador, revelador, que nos sitúe en un renacimiento cíclico. El infinito universo reclama mi esfuerzo, este afán mío de desentrañar enigmas, para que la verdad indubitable no quede encerrada en el silencio y el olvido, sin brillar cual brillan los astros del cielo en su fertilidad inagotable.

¡Oh Musa inspiradora!: sé que nada de cuanto se observa en el cielo es efecto del azar, que los espíritus de luz divina velan por la conservación y ordenación de la naturaleza, manteniendo la armonía universal; pues es evidente que la influencia destructora no puede prevalecer. Sabe que, desde ahora, no entregaré mi alma al humo y me alejaré de lo polvoriento, de la sequedad infructuosa, de todo lo mediocre y estéril que por doquier pretende alentar. Es una exigencia humana ir más allá de lo visible y penetrar los enigmas. La expresión humana, lo he sabido tarde, siempre se enriquece en la contemplación o en la introspección, alumbrando nuevas esencias, planteando nuevos horizontes de grandeza humana que se expandan hacia los confines de las regiones distantes e inefables donde el valor de la intuición y de la imaginación creadora dignifican nuestra monótona existencia.

Cualquiera diría que he dormido todo el invierno, mas he despertado en verano. Sé que el destino del hombre nunca será la inmovilidad, la visión de una realidad inmutable, monótona, escindida de la armonía universal. Alumbrar nuevos contenidos estéticos, verdades aún desconocidas, es tarea agotadora, pero que nos funde con la armonía, con la Inteligencia universal. ¿He escrito contenidos estéticos? Sí, y también he de penetrar en la esencia de la poesía. Entonces, de sopetón, me pregunto: ¿qué es lo que verdaderamente suscita aquello que goza de belleza o de sublimidad? Una singular materia y forma (con sus deleites, texturas, símbolos, matices, colores…) despierta el goce estético del espectador. Es, cómo decirlo de un modo contundente, la exégesis de un instante de eternidad, de un placer infinito, en el que el alma asciende casi librándose de su cárcel. El arte, en un sentido ontológico: ¿ha de participar de la verdad, de la moral, de la totalidad integradora? La obra de arte se origina en el microcosmos, una vez se ha saturado de la momentánea, pero existente realidad; su autenticidad y verdad elevan nuestro espíritu hacia horizontes de plena eternidad. Por tanto, el alcance metafísico de la belleza y sublimidad es incuestionable. Anhelamos revelaciones, despojar del velo todo lo misterioso, o que permanece oculto; deseamos trascender la apariencia y la vigente realidad de las cosas. Todo se manifiesta hacia la variedad y horizontes jamás vislumbrados.

La honda poesía, esa poesía metafísica (o épica y lírica, pero ambas con altitud de miras y siempre en ascensión) nos aproxima a la consciencia del universo generador, a ese universo del que fluye una armonía que se funde con la mía y entonces concibo la manifestación de lo sublime. Esa ascensión es ciertamente una proyección hacia lo infinito, hacia lo divino, donde el espíritu se ilumina en los apartados senderos del mundo, tendiendo puentes hacia la infinitud. Lo diré de otro modo: es la conciencia y el lenguaje en busca de signos existenciales o de infinitud. No obstante, es necesario que estemos preparados para gozar (o sufrir) grandes conmociones y resonancias que nos depare el imprevisible o azaroso devenir.

Cuando contemplo una obra de arte, sea de la naturaleza que fuere, siempre me formulo las siguientes preguntas: ¿Es esa una creación artística que dignifica? ¿Es una representación que revela la concordancia universal? ¡Oh palabra poética que brillas cual esencia de verdad!

En el campo de la estética, son los bellos sentimientos, pensamientos y las consideraciones sublimes quienes muestran el espíritu divinal -pensamiento reflejado por Spinoza- en armonía con la Inteligencia universal. Y… ¿qué decir de la creación sensible, de ese cúmulo de sensaciones agradables, de ese estremecimiento y fascinación que provocan la percepción de algo insólito, misterioso o revelador, el cual nos acerca a lo sublime, y sentimos que nuestro espíritu goza de la esencia divina? Solamente un espíritu en ascensión goza de tremenda excitación, cuando roza la esencia de lo sublime, o de todas las manifestaciones jamás imaginadas que magnifican la humana dignidad y son condición de una belleza nunca antes percibida. Por el contrario, las bajas gradaciones de la imperfección nos sitúan en el extremo más desolador, en la más nauseabunda decadencia, en una regresión hacia la animalidad.

La atractiva exuberancia de la imaginación creadora y de la fantasía que procura desvelar, pueden aflorar el germen (o el cristal) capaz de reflejar la armonía universal. Hegel no es verdadero idealista cuando afirma: *Pues el medio debe corresponder a la dignidad del fin, y lo verdadero no puede surgir de la apariencia y de la ilusión, sino sólo de lo verdadero.* ¿Acaso se ha realizado un inventario o una indagación de las cosas que han tenido su origen en la fantasía o ilusión convirtiéndose luego en realidad? Lo bello, como antes apunté, nos aparta, en definitiva, de la oscura sequedad, de la tediosa monotonía, de la inmovilidad descorazonadora, educando nuestro juicio para desentrañar la esencia de toda belleza. ¡Oh esa inmoderada sensación de eternidad, con el bello y emocionante escenario de la imaginación desbordada, y el espíritu preparado para aprehender el sentimiento de infinitud! Sumo instante de significación, y de una sensibilidad moderadora entre la verdad y la realidad nuevas, o quizá ignoradas; pero también el despertar de un sentimiento de profundidad que matiza lo sombrío, y de una percepción que se aviva en la presencia no de un abismo espiritual, sino de una visión de maravilla nocturnal, de plenitud eternal, de infinito espacio que se ilumina de inteligencia.

Sea un espíritu que asciende trastocando el tenue instante sin signo vital, la pérdida de profundidad en la mirada, o la imposibilidad de elección de otra realidad latente en la consciencia, yo anhelo aproximarme a una realidad superior a la que ahora vivo, a ese nuevo mundo fijado, sin mácula, en mi representación interior. Ya es hora de retomar el ilimitado poder creador de la imaginación y, mediante ella, arribar a nuevos estadios, traspasando horizontes que no dignifiquen, que banalicen la parte espiritual e inmortal del hombre: un ser capaz de entender, querer y sentir, y que, junto con el cuerpo, constituye su esencia humana.

Alejémonos de una realidad carente de relieve, de mutilada universalidad y demos luz a los nuevos horizontes de belleza y grandeza. Acerquémonos, emocionados, al espacio infinito pleno de generadora belleza y tan distante de la prosaica servidumbre a valores que encierran intereses y vicisitudes; tales valores no están ebrios de luz, porque son cual flores amargas. También en sombría soledad se descubren remotos horizontes de grandeza. ¡A por ese lirismo de oleaje ideal! ¡Adiós a la prosaica realidad! ¿He dicho flores? Sí, también un lenguaje tan elocuente como florido, que nos aleje de la escasez lingüística, escasez sin mirada poética, palabra que se pierde en el vacío. Explorar nuevos ámbitos, fundamentos mucho más reveladores, latidos que susciten un universo divinal es lo que anhelo.

"Sólo la realidad *(la inmóvil y cruda, añadiría yo)* se opone a la expansión del hombre de genio, no el mito" (Goethe). Mi espíritu ha abandonado su envoltura carnal. Soy otro, más vuelto hacia dentro, contemplando resplandores que amplían la visión espiritual. Únicamente me importa la expresión de exaltación de lo espiritual, toda manifestación incorpórea, sutil y ascendente. Esa alegría de vivir una época y situación nuevas más armoniosas y vehiculares me sitúa en un ámbito jamás soñado, en una región en la que sólo decide el sentir espiritual. Hacer de la existencia mera apariencia, nunca fue devoción ni sueño mío. Las apariencias son cual monstruos nacidos de un abismo interior. En arcaicos niveles de la mente, donde abunda la sinrazón, lo inverosímil y absurdo, no es posible que prospere el espíritu sensitivo. Es hora de purificar cuerpo y espíritu, y salir sin disfraz, sin tapujos, pregonando una realidad de diferente configuración.

Anhelo un asombroso viaje intelectual, afirmarme en la unidad íntima que late y anima. Un viaje de misterio poético que cambie en éxtasis existencial el horror por la vida.

Mi canto...

es el canto de un anciano

enojado con la realidad existente,

crítico con la mediocridad

y arrogancia de lo espurio.

¡Oh nubes, vientos y llamas

que alteráis el concreto espacio

de un modo rápido e intempestivo!:

existan o no los dioses olímpicos,

vosotros sois movidos por la verdad,

por la verdad que subyace en un mundo

enteramente agitado y cíclico.

En este instante en que me hallo sentado en un sillón leyendo las *Iluminaciones* de Arthur Rimbaud, me siento penetrado de mitología griega, y al mirar la pequeña estatua de Venus de Milo, colocada en un pedestal situado en un rincón de la salita, contemplo náyades bañándose desnudas en un río. Son náyades que encierran aires esperanzadores, estímulos de verdadera superación, con sentimientos y emociones no vencidos por el dominante mundo material de lo cósico. Contemplo sus desnudeces no con asombro, sino con la infinita alegría de quien ve florecer, de quien siente un amor inviolado, de quien anhela levantar metafísicos templos de luz, de quien trata de excitar a los humanos para que desarrollen un talento artístico, mejor si es excepcional. Y no me distraeré de las penas, aflicciones, indignidades y miserias que azotan a los humildes, a quienes van con rectitud y entereza por la vida, a quienes se alejan de los caminos incompatibles con la verdadera naturaleza humana, propia de un sentir tan hermanado como social.

Pero... dime Polimnia,

musa de la lírica,

de cantos e himnos

en honor de dioses y héroes;

deidad, como las demás,

presidida por Apolo:

¿por qué, en el hombre,

esas humanas ansias

de lograr una gloria material?

Todavía quedan en la mente ideas profundas y esclarecedoras del ser y del existir humanos no expresadas. El hombre construye y derriba, vive en la paz y en la guerra, se abate su espíritu o goza de alegría. ¡Pero qué voluble es la psique humana, que no responde a la virtud, ni a la dinámica unidad que rige el universo!

En este punto de mi meditación, y habiendo ya almorzado (fue una comida ligera) deseé echar la siesta y me tumbé en el lecho solitario, Sin embargo, no me invadió el sueño; no fue una siesta, sólo duermevela. Deseé soñar con mi amada, tan ausente en el tiempo pero presente en el espacio.

Pasados un quince minutos, no sé cómo fue, pero vislumbré una borrosa figura femenina que flotaba en medio de la habitación. Seguidamente, se acercó flotando, lenta y silenciosamente, lo cual me sirvió para distinguir que se trataba de una hermosa dama ataviada con gonela[1]. Aproximó su rostro al mío y preguntó:

-¿Qué eres tú?

Ante tan imperiosa indagación, contesté presto:

-Yo soy un anciano setentón, viudo y escritor.

-¿Y qué más? –inquirió.

-Misántropo y renacido panteísta –repuse.

-¿Y qué más? –volvió a preguntar.

-Pintor de caracteres a vuelapluma, azote de la mediocridad, de la vulgaridad, de la insufrible sociedad contemporánea y, por el contrario, traductor de la armonía universal –solté sin pestañear.

-¿Y qué más? –siguió inquiriendo.

-¿Te parece poco? ¿Acaso desearías que fuese ministro plenipotenciario, un navegante de teatros o de la dudosa educación popular? –contesté, satisfecho.

---

[1]   Túnica antigua de piel o de seda, generalmente de manga, que usaban las mujeres y hombres.

-Yo estoy a la espera de tu último viaje –repuso, con palabras orladas con timbre de presagio.

-¿De mi último viaje? Querrás decir de mi último viaje terrenal, pues tengo el propósito de que mi alma viaje por regiones y espacios jamás soñados, dotada de una clara visión, con brillante energía y porvenir – contesté con un ramalazo de orgullo.

-Tu espíritu -comenzó diciendo- se topará con Got (la suma presencia), antes de tu último viaje. De él recibirá una extraordinaria ración de nutritivos principios. El mundo exterior, en su vasta presencia, quedará momentáneamente abolido.

Got es el punto de partida,

la unidad orgánica del Todo,

núcleo de un texto en armonía.

A su vera accederás conmovido

al misterio de la Noche inédita.

Tú serás el único espectador

de la primorosa manifestación.

Se te abrirán los ojos cual soles,

y...

Aquí se tornó más borrosa su figura, y su voz se hizo inaudible.

Es evidente que sufrí tremenda conmoción, mientras estuve tumbado en el lecho.

Lentamente me incorporé y bajé de él, comprendiendo que tal vivencia significaba el preludio de mi hundimiento, la vía hacia un no ser existencial. Me pareció extraño, pero no absurdo, el breve diálogo con la dama ataviada con gonela. ¿Acaso había yo alcanzado la exacta edad de la razón? ¡Pero no me amilanaron sus palabras; no siento ningún temor, y pretendo seguir haciendo silenciosa historia, aunque mis futuros textos sean recibidos con frío entusiasmo!

Los caminos de la conciencia son abstrusos, como los caminos del mal; son caminos que se yerguen proponiendo encrucijadas que convierten la sana reflexión en tortura, reduciendo al ser a una angustiosa manifestación de sequedad y porfía consigo mismo, dotándolo de un pensamiento sin justificación existencial.

2

Lo conocido es una migaja de lo que queda por conocer. No obstante, mi compromiso es evitar yerros en semejante aventura espiritual. El anhelo de verdad, una vez nos explayamos con la fuerza del espíritu en la naturaleza infinita, es apoteósico. Tal impulso es anhelado en la profundidad del corazón que busca vincularse con la infinitud. El extraordinario juego del lenguaje abre pórticos y penetramos en santuarios hasta ahora desconocidos. Pero… ¿qué es lo que aún alienta entre el alumbramiento y la ocultación? ¿Cómo de mixto es el campo entero de la creación? La más alta creación artística busca, de un modo desconcertante, abrumador, la sublimidad, doquiera se encuentre. Esa esencia incuestionable que yace en todo lo creado y que irradia desde el universo generador de vida, contiene innumerables misterios, pero encierra una desbordante imaginación creadora.

Yo me esfuerzo, Musa, por el esclarecimiento no sólo del espacio inmediato, por evaluar tanto el empobrecimiento como el enriquecimiento del potencial humano. Las imágenes, las intuiciones, incluso la ilusión indagadora, tienen una capacidad transformadora de la visión y, posteriormente, de la realidad. Anhelo, fervoroso, que haya tal potencia en la contemplación, que la exploración ilumine desconocidas esencias y que nos acerque al exacto sentido del acontecer universal. Ya es inusual furor en mí, una formidable lucha con las *correspondencias*.

Lúcidos días de un verano literario acabo de iniciar; son hermosos, esplendentes, pero sin el lacerante cántico de los grillos otoñales. Pasados siete anodinos años, ahora no escribo con pluma de ave, mojándola en un tintero cubierto de telarañas, sino a ordenador. No obstante, ignoro si mis actuales aguijonazos cumplirán su cometido, es decir: si fecundarán algo. Cierto que, en estos momentos de mi existencia, desearía hallarme en relación directa con cualquier revelación, con lo arcano o lo sobrenatural, y así poder definir o resaltar las verdaderas y profundas significaciones de la vida.

Hagamos que el hombre se impulse, vibrando, hacia manifiestas singularidades, hacia lejanas regiones en las que opera otra realidad y que sepa componer un canto celestial a la naturaleza, al inmenso universo dado. Mi afán es fundirme con la sensible Verdad y participar, al menos, en la estela de las proyecciones creadoras. La humana vida brota de la inagotable esencia, mas con un claro (justo, bueno, verdadero...) propósito existencial, pese a que todo proceda de principios opuestos, de dos fuerzas contrarias.

¡Oh, gavilán de viva mirada, de rápido vuelo y de frugal sustento!

Mi apreciada Musa, esta tan renovada como portentosa mirada interior, plena de poesía e inteligencia, rebasa los fabulosos impulsos de una fantasía que matiza los claroscuros de cualquier existencia. Y ya oigo la mitológica orquesta que difunde sus armonías desde el mismísimo Olimpo. Cuerpo, alma e inteligencia se entregan fervorosos a una insólita imagen de resurrección. Flores multicolores y olorosas, ya veo en un ámbito rayano con la pureza del alma, esa pureza exenta de contaminación terrenal. ¡Oh resurrección que vas hacia la luz como en una danza tan imperiosa cual eternal!

Quizá esté bordeando la locura en esta alocada, fantasmagórica resurrección, burlándome de las infamias, imposturas y calamitosas apariencias. Quizá. Pero mis luminosos dardos (conformados con bits ingeniosos y nada resignados) son capaces de traspasar no sólo máscaras, sino también herrumbrosas corazas. La pequeñez, la mediocridad, ha de mirarse en el espejo que le devuelve la grandiosidad, la epopeya de un cosmos dinámico que persiste en la creación de multiforme vida; y los destellos que atisbo, me impiden zozobrar.

Siendo muchas mis enfermedades y achaques, estoy en situación de afirmar que la enfermedad aviva el talento creador; por ello, acaricio la esperanza de que espíritu y vida, arte y realidad, siempre enfrentados de una manera irreconciliable, hallen satisfactoria solución para el discurrir de la humanidad, o encuentren el sensato equilibrio. La magia de lo elemental y trascender la infinitud son conceptos que me excitan e impulsan de un modo encomiable, convirtiéndome en otro, que ya se enfila a lo Otro. Confesaré que vivo en un exilio voluntario desde la muerte de Dolores.

En estas primeras páginas de mi Diario (ignoro si una vez concluido lo publicaré, en cuyo caso cambiaré el título y será novela), ya se perfila el carácter, la naturaleza, el espiritual alcance del escritor que lo redacta. Más parece un ensayo sobre estética o poética que un diario, pero al impaciente lector le espera una narración final que le sorprenderá. El rastro de una amarga ironía será visible más adelante, y duras y morbosas expresiones lo iluminarán, eso espero, de una manera acaso mágica. Como soy parte de la realidad y seré parte de la imperecedera sustancia, tengo la obligación de esclarecer la entablada lucha que tiene lugar en mi interior, quizá intentando forjar otro yo. Presiento cómo una atmósfera gloriosa se reduce al ámbito de una nuez, con sus tormentas, sus rayos, sus relámpagos, sus vientos huracanados, todo ello anunciando otra era, otro sobrecogimiento musical (provocado por armonías para perderse deleitosamente dentro de ellas), sin lúgubres sonidos, operándose una eficaz pero innocua conmoción global capaz de disipar los enredos de la realidad, de ahuyentar las serpientes de afiladas lenguas y de bañar la nueva realidad con una claridad cegadora. ¡Viva el son eviterno!

Nadie osa matar su luz interior, si bien muchos la ignoran. Por eso, este Diario no es un zambullirse en la épica paródica humana, sino en la verdadera condición del hombre que da esenciales respuestas a la índole de su existencia. Es, en definitiva (o eso he pretendido), un distanciamiento exaltador de lo espiritual frente a lo cósico ¿Parodias, misterio bufo? Quizá existan en pequeña medida en este texto que trata de abrazar el ser y existir sin cortapisas. Hubiese deseado que fuese el producto de un narrador impersonal, más ello no ha sido posible enteramente, porque es un claro testimonio de angustias, desgarramientos y de fascinaciones propias de otro mundo. Las experiencias han sido tremendas pero fructuosas. Absorbido en mi nueva obra, trazo una ruptura excepcional con el modelo existencial conocido.

Los juegos verbales que aparecen son efímeros, momentáneos: embellecen el camino mitológico frente a la indignidad, la opresión y todos los defectos humanos, y me permiten abandonar el círculo vicioso de un orden escaso de humana dignidad, sin esclarecida luz y férreamente dogmático. No hay pulsión narcisista en este texto, sólo delirante conmoción. Juegos verbales tendentes a la elevación espiritual, a una ascensión hacia la comprensión del abstruso universo, tan desconocido para la multitud. Las alas del alma ya se apartan de la penumbra, y siento que mi espíritu vibrante, presuroso deja atrás el mundo de las apariencias.

La potencia de la belleza espiritual,

pugnando con nubes tenebrosas,

las elude con brioso encanto,

y accede a la sabrosa región

en la que todo es alimento místico.

Es obra psicológica, simbólica y una imperiosa reflexión sobre la literatura creativa. En ella develo mi conciencia y la que tengo del mundo. Conciencia de la esencia del mundo exterior dispar, complejo y dinámico. Un vaivén de tinieblas me sume en la negrura. Lo que ahora veo son paisajes del alma. Ni dandis ni decadentes. Pasión por la música, y la fragilidad de este tiempo vivido sin mi amada esposa. Necesito golpes de presencia extraordinaria, no de ausencia. Tiemblo cual se fuera una llama hechizada.

Acaso un bosque encantado sea el telón de fondo, y siempre alejado de la élite intelectual; pero mi incesante espíritu, dedicado a la captación de la esencia de un nuevo tiempo con un porvenir de claridad, está en ebullición. Soy cronista de delirantes o lúgubres placeres y de una época que finaliza. Sensaciones que despiertan sentimientos interiores y recuerdos con rúbrica de autenticidad, agitan mi ser. Vivir de noche y dormir de día, es también razón de cambio. Los proyectos literarios bullen en mi cabeza. Este diario semeja una filosofía de la existencia, un microcosmos de perspicaz exploración del macrocosmos, y también una búsqueda de la verdad profunda individual. Esas sensaciones irracionales que alzan el vuelo están nimbadas de misterio y de míticas referencias. Y mi intuición, una vez alzo el vuelo hacia lo profundo del universo, como vía de percepción y penetración también hacia la esencia de las cosas, aprehende el desorden interior de la sociedad, de su probada imperfección.

Hoy, 28 de junio, me he levantado temprano del lecho solitario, calcé las zapatillas y, en pijama, antes de ir al cuarto de aseo, me acerqué a la ventana que mira al este, hacia el mar; aparté el visillo y vi cómo comenzaba a asomar el sol y dar claridad al nuevo día. Sus débiles y sonrosados rayos representaban para mí un nuevo estímulo, y de esa manera operaban en lo más recóndito de mi ser. Poco después, fui al cuarto de aseo y dispuse los elementos del afeitado con la tranquilidad del hombre que se siente sin lazos ni impedimento alguno. No sé si fue el aspecto de mi rostro, o la aptitud del espejo lo que me dejó perplejo.

Mis ojos parecían mirar más allá de lo visible en él, como recreándose en el ámbito invisible, inspeccionando el carácter de su disposición. Entonces, solté: "Un espejo es sólo eso, un espejo; nada puede haber en él de secreto, mordacidad o impostura. ¡Faltaría más que éste fuese uno sarcástico!". La maquinilla de afeitar rasuró la barba de tres días. La suave piel de mis mejillas puso más alegre mi expresión. Una vez me puse lo ropa de estar por casa en un final caluroso de junio, me acerqué a la cocina y preparé mi acostumbrado desayuno, a saber: un tazón de leche con galletas digestivas y copos de maíz. El tazón, de porcelana china, poseía un estampado precioso: un hombre en lo alto observando la caída de una cascada.

Mientras desayunaba con absoluta calma, me invadió el pensamiento de un renacimiento literario que lentamente operaba en mi interior. ¿Renacer, en la vejez? ¿Para qué? Como si se tratara de un golpe teatral[2], un efecto escénico inesperado que prescindiera de la nube de intereses que torna borrosa la escena, sentí una poderosa llamada proveniente del borde del mundo conocido. Mis pensamientos comenzaron a fluir con velocidad endiablada. Abstraído como había estado de toda intervención en la vida pública, quise invocar a una musa o dios

---

[2]   Efecto súbito que modifica la situación de los personajes en el drama.

pagano, para disipar las grotescas sombras que se movían presurosas en zigzag por mi serena morada.

¡Oh, Apolo!, dios de la Música, de la Poesía y de la Religión órfica, amante de una ninfa que se entretiene vagando por parajes solitarios; dios muy hermoso, alto, notable especialmente por tus largos bucles negros de reflejos azulados, como los pétalos del pensamiento, como la sutileza del éter, cual un arco iris que perdurara en una mente visionaria: yo te invoco! Pero, dime… ¿fue el amor repentino hacia la ninfa Dafne, o acaso fue uno de tus instrumentos musicales quien desencadenó el final de la joven de esquiva hermosura? Tú te debes al hermoso *laurel*, como yo me debo a Dolores, mi amada, la de la sonrisa que colorea el vistoso instante.

No me regodeo en la nada, no presumo de vocación teatral ni de de serenidad clásica, pero estoy valorando los fundamentos de mi etapa de escritor anterior al fallecimiento de mi amada esposa. ¡Ay, cómo eludo la llamada de la nada, la del inmovilismo, la de la vulgaridad y vasta mediocridad! Estoy hasta el gollete y, por encima de todos mis males y enfermedades, flota un sentimiento humanitario que me devuelve a la verdadera raíz humana (tan alejado me hallo del espíritu de los goliardos[3]).

Mi amada, inmortal en mi pensamiento, motivo también de mi pensamiento estético, pues su belleza, entereza y prestancia dieron el exacto rumbo a mis días y noches de casado. De ella, todavía tengo una visión clara, no de una forma en somnolencia, como en mis ensueños de luminosa naturaleza. Luz, vida y melodía (por cierto, a ella le encantaba esa música etérea, esa música tan sutil como para perderse dentro de sí) deleitando, de vez en cuando, mi rudimentaria existencia. Ella, silenciosa, se acerca a mi lecho solitario ataviada con un vestido talar rosáceo, acerca su boca a mis labios y me besa con ansiada pasión, como sirenita sideral que altera repentinamente mis noches y días sin ilusión, sin esa fervorosa ilusión capaz de modificar la sensibilidad, los estados de ánimo, lo efímero, y que hace frente a nuevos retos, a nuevos compromisos, a nuevas irrupciones de enriquecedora subjetividad.

La luz, el resplandor de mi amada se extiende hasta horizontes nunca soñados, y en paisajes amenos, en su compañía, oigo cantares, himnos antiquísimos, los cuales provocan un poderoso oleaje en mi interior; y me siento rejuvenecer. En tales momentos, las ideas y análisis filosóficos permanecen en segundo lugar, esperando la hora de

---

[3] En la Edad Media, clérigo o vagabundo que lleva una vida irregular, asiduo al buen comer, a los placeres y a la ironía.

enfrentarme con los modelos conocidos, y con las quintaesencias hasta ahora pregonadas. Una sensación de magna vivencia envuelve mi discurrir por esta morada, incluso sin que ella, su luz, sus atavíos, sus palabras locuaces se hallen vivamente presentes. Sí, aunque no esté presente, su sensualidad, su humano discernir, la representación que realiza de todos los momentos memorables de nuestras unidas existencias elevan mi tan solitaria como severa existencia a un rango superior. Mis futuros días escribirán líneas de sosiego, de calma, de paz espiritual, animando a los seres a construir un orbe en el que todo responda a la medida del hombre, del hombre con prestancia, entereza y honradez.

Mis vagos ensueños eróticos con ella, son alocado viaje para mi sensualidad; me pierdo en jardines jamás imaginados, vuelo alrededor de un árbol luminoso que viene a ser un espejo de absoluta madurez, de nocturnidad sinfónica; lo contrario de un alma de hielo. Un sueño revelador me hace patente el sentido del puro ser. Por momentos, en este goce de ensoñación, a su vera, tanteando sus formas, besando su apenas visible halo, quedan anuladas las fuerzas de la luz en su lucha contra las de las tinieblas.

De súbito, de ese árbol luminoso antes referido, caen flores aladas que brillan en la noche, y volando a mi alrededor parecen decirme: "La luz está contigo. Tus pupilas están limpias del interés mundano; ama y embriágate de azur". Sí, mi pensamiento gira en torno, cuando me convierto en severo crítico de la degeneración moral de esta sociedad; y, en coherencia con mi pensamiento, así como me opongo a la putrefacción social, también lo hago con los estilos vulgares que alteran el verdadero valor literario de los textos. ¿Se conoce, se sabe a ciencia cierta lo que es el valor de un texto? ¿No será que lo espurio, con todos sus matices y alientos, no hace otra cosa que alejarse del fondo del asunto, de la raíz de las cosas, sin desvelar la índole de cualquier mal? La diversión y el divertimento son necesarios, nos alejan de la monotonía y del aburrimiento. Sin embargo, estamos obligados a construir templos de luminosidad, de cordura, de amplitud espiritual, que nos permitan abandonar la estéril senda. Yo reclamo un paisaje marino con profundos golpes de mar que den nuevos vuelos, nuevo ritmo a nuestras conciencias.

¡Ay, imaginación creadora, nueva luz de un viejo ilusionado por una existencia resplandeciente! Qué son los gozos del mundo comparados con este éxtasis, con este sentimiento de admiración y alegría que rebosa en todo mi ser. A galope tendido van mis frases, y yo me siento piloto en una nave que abandona la nadería, la mezquindad, el insoportable barullo que de nada sirve al espíritu, salvo para desencaminarlo de la verdadera senda.

¡Cuánto quisiera que mis párrafos se metamorfosearan en virtuoso tema melódico, que la ascensión espiritual fuese acompañada de un armonioso son eviterno, eco de la dinámica universal! Todo sea por la Luz, por la única luz capaz de trocar el dinamismo celeste en, permítaseme decirlo así, rayos cósmicos que emitan inusitada armonía, penetrando, alegres, en el azur de nuestros microcosmos. Pero otra voz, ciertamente indeterminada, me dicta que somos esclavos de nuestros vicios, que nuestras ordinarias querellas pasionales son las de seres que medran en la nadería. Todo, si bien se mira, está en función de la dignidad operante; mas no olvido que también hay tiranías que reducen el mundo a la esclavitud.

Yo no saco a relucir la humanidad pecadora, sino esa humanidad sin verdadero destino existencial; esa humanidad tan materialista como egoísta, la cual oscurece y empobrece el signo vital. Sí, la estoy ahora observando con anteojos, y su desdén me irrita sobremanera. Entonces, me pregunto: ¿qué es lo socialmente conveniente para el hombre contemporáneo? Y, presto, me respondo: una invariable armonía social seguida de una mirada que vaya más allá de las circunstancias y del entorno, que pueda vincularse con el signo de toda creación.

Una vez se distingue lo verdadero de lo falso, hay que ir más allá y escrutar el exacto sentido de la humana existencia. Me vienen, de súbito, a la memoria los rótulos: *Un hombre para la eternidad,* y *La verdadera significación del individuo en el seno social.* Mi empeño es poner la bandera de la hermandad humana en los paisajes siderales. ¡Ay, inspiración que me abandonas en el instante más inoportuno! Simpatía, viveza y diversidad, lo sé, han de colorear mis caracteres escritos para que surtan, si no encantamiento, al menos un nuevo despertar en los lectores. Un texto amorfo, que no despierte musicalidad, no me satisface; si bien no deseo uno surrealista, cuya espontaneidad potencie su inflexión rítmica. Poesía, sí, pero poesía que anule la banalidad y dote de autenticidad los pensamientos. Sé que al idealismo trascendental le faltó ascensión, la elevación de Spinoza, es decir, el nacimiento de una consciencia que, siendo conocedora de la necesidad y de la libertad, tendiera su mirada hacia un destino colectivo, unitario, hacia un orbe de belleza y espiritualidad dotado de verdadera significación humana.

No sólo busco la perfección formal, sino aquella que dota al ser de una consciencia perpetuamente vinculada con la totalidad.

He de manifestar que toda la literatura universal no es más que un viaje hacia la armonía y felicidad del ser y del existir, poniendo de relieve, lógicamente, todo mal. Mi diálogo es con la existencia, con el

ser en busca de la humana hermandad.

3

Hoy me encuentro más vigoroso, sin ningún achaque a la vista. Podría asegurar que, dada mi momentánea sensibilidad, sería incapaz de pronunciar un discurso fúnebre (y lejos de mi pensamiento se hallan las cámaras sepulcrales de los faraones). Me he levantado airoso, respirando la atmósfera de unos fuegos artificiales verbalistas que ocuparon toda mi ensoñación. Allá, en tal atmósfera, evoqué recuerdos interesantísimos, pero claramente alterados de mi vida, orientados, sin duda, hacia la expresión de una sensibilidad distinta. Y con esa sensibilidad me he levantado del inspirador lecho. Mi viejo orden, de horizontes muy limitados, ha sufrido tremendo seísmo, y ahora siento en mí, de un modo atroz, la caída de la hoja.

Aquel escritor, a comienzos del sueño, de índole amarga y con la desesperación ensombreciendo día a día su existencia, se ha convertido en un viejo satírico, que ya no se queda con los brazos cruzados contemplando el derrumbe de una sociedad y sus valores, sino que con mordacidad arremete contra la voluntad ciega e irracional.

Ahora preparo el desayuno. Un cazo, una taza, una cuchara, leche, cereales integrales y, porque es un día diferente en mi interior, variedad de frutas.

Dijeron, los críticos severos, que yo era un escritor seco[4], sin una prosa refinada, como esos simples dramaturgos que les basta con sacar a escena vicios y deformaciones sociales. ¡Ja, ja, ja! ¿Oyen mi resonante carcajada? Ellos, esos hipercríticos, ignoran que hay algunas cerraduras de mecanismo oculto, cuyo manejo es preciso conocer para abrirlas. ¡Je, je, je!

Ya está la leche caliente, y yo voy por el mismo camino.

En mis actuales textos, sean de la naturaleza que sean, hay dos viajes. Uno físico y otro interior. Quizá haya lectores que no sepan distinguirlos y comprobar su unidad. Meditaciones, reflexiones y ensueños forman parte, cómo no, de la brevedad de la vida, tan sabiamente descrita por autores antiguos.

¿No notan, estimados lectores, alguna atmósfera de realismo mágico en muchas de mis narraciones?

En este punto de mis reflexiones íntimas (ahora comienzo a introducir la cuchara en la taza, para luego llevármela llena a la boca), sólo me resta añadir que la investigación del ser es una lucha entre la esencia y la existencia. Pero no quiero explayarme en las condiciones malsanas.

---

[4] Poco abundante o falto de todo aquello que es necesario para la vida y trato humanos.

He terminado de desayunar; la poesía de Hölderlin me espera. Tomo de la pequeña biblioteca el libro del autor y me siento en la butaca. Abro el libro y leo: *Esta es una colección única en su género...* Una pulga no invitada se ha posado en la página.

-Mira, no has sido invitada a posarte en esta página. Vete. No quisiera despanzurrarte, por mor de mi aprecio a toda vida.

-¿Eres tú ese escritor que tiene visiones en forma de somnolencia? – suelta la pulga.

¡Vaya! Hasta ahora creía como Charlot (ese personaje cómico) que las pulgas eran acrobáticas, pero nunca dicharacheras.

-Transcurre el tiempo y no has contestado mi pregunta. ¿Dónde está tu poderoso oleaje interior? –preguntó de nuevo la pulga.

-¿Mi poderoso oleaje interior? Cierto; yo soy un golpe de mar[5], una columna de fuego, una nocturnidad sinfónica y un grillo satírico. Y la música de mis palabras es música que construye realidades nuevas. Es música de otros mundos –repuse sin vacilar.

-¡Menuda sombra en zigzag eres! Estoy parloteando con un lunático – expresó, con sonora declamación, la pulga

-No me contraríes, diminuta claridad en un cuarto casi oscuro, alma de hielo en senda estéril. Siglos en órbitas que alumbran, que recrean la

---

[5]   Ola fuerte que se quiebra en las embarcaciones, peñascos, etc.

vida y tú, insecto parasitario que chupas la sangre de los huéspedes, vienes a mí, con tu espíritu (memoria sobre un día gris) inquisidor. Casi me desternillo de risa. Pero como soy un espejo en su madurez (cada cosa en su medida y sitio) y ofrezco heroica resistencia a la Sombra, hoy no llevo colocada la máscara, y no hay gato encerrado en nada de lo que pronuncie. Quisiera ser, eso sí, más aéreo de lo que soy, tener mayor sensación de magna vivencia, de que estoy viviendo en un instante de perenne ilusión, en un mar de sentimientos que modifican la realidad. Y mi monólogo interior abre brechas en esta confusa maraña de signos, Soy, créelo así, un caballero anacrónico, sin armadura, espada, yelmo ni escudo, que no caerá en el irracionalismo, pero que pugna con una quietud profunda y abismal. Me he regenerado; mas pienso lo contrario de quienes se preguntan ¿cómo regenerar a un ser que está podrido por dentro? Ignoro si son dioses paganos quienes me susurran desde la lejanía símbolos de amor celestial, o crepusculares palabras en las ondas de la Noche. Estoy vivo, soy, por momentos, feliz con mi discurrir, con mis tesoros espirituales, deseoso de unirme al más venturoso de los sueños y así recuperar el cósmico vitalismo que honestamente debe impulsarme. Pero también estoy a la espera de que no sea cierto ese análisis que afirma lo siguiente: *La situación global ha tomado un nuevo giro: los intereses creados se refuerzan y aparecen otros de más complejo cuño.*

-¡Caramba! Me dejas alelada. Tu lirismo es visionario. Tu sueño es terrenal, pero se me antoja que eres El jinete del arco iris. Estás sediento, como un plenilunio de esplendor. Estás poseído de una energía mística e inefable. Me basta con lo escuchado. Ahora te dejo en paz, con tu íntima calma, saboreando los versos de quien está levantado por misteriosa fuerza. ¡Adiós! –manifestó la puga y, de un tremendo brinco, se alejó.

¡Menuda pulga! Ha sabido quebrar mi mutismo lanzando sus ponderados misiles boca-boca, con asombrosa elocuencia. ¿Quién diría que una pulga también puede aprehender lo esencial?

¿Será cierta la afirmación de Percy Bysshe Shelley, cuando deja fijado, de un modo rotundo, el siguiente pensamiento: "(…) que el espíritu poético está a punto de convertirse en el primer motor del mundo?". De la insolente, pero elocuente pulga, extraigo la siguiente conclusión: el amor, la belleza y la alegría no mueren ni cambian a través del tiempo. Admitiré (y para ello dejado de lado mi vis cómica) que son muchos los poetas que atestiguan el invariable consejo de una musa, que seguidamente anoto: "Mira en tu interior, después escribe".

¡Oh, mi venerada musa,

Polimnia de los claros amaneceres

y de los atardeceres melancólicos!:

con metáforas e imágenes

consigo armonías impregnadas

de un sentido elegíaco de la existencia.

Al evocar los lejanos tiempos idos,

surgen variados y hermosos ritmos,

los cuales dejan entrever

la inequívoca visión profética

de un mundo al borde del abismo.

Tal es la degradación moral

provocada por la pobreza

y los innumerables vicios

que asolan el ajetreado orbe.

¿Acaso con bohemios cantos

podré expresar bellamente

los moribundos valores humanos,

pero que siento eternamente jóvenes?

Es evidente que mi delicada sensibilidad

se impregna constantemente

de lindas descripciones paisajísticas,

quizá sólo iluminadas en mi interior.

Esas fuerzas oscuras y malignas,

que rabiosas atacan al hombre,

reduciéndolo a la miseria

y llevándolo, inevitablemente,

a la tenebrosa perdición,

no harán mella en mí.

Mi cosmovisión no se quiebra

ante el absurdo de un mundo

gobernado por tales fuerzas.

Muy al contrario: se yergue impetuosa,

gritando: ¡Aún hay sol en las bardas![6]

No cesarán, pese a tanto mal,

mis brillantes versos

descriptivos de un cuadro lleno de vida;

pues el humanismo aún no ha muerto

en este anciano escritor que rehúye

el peligro de la fosilización.

Ignoro por qué encuentro cierta alegría

---

[6]   Expresión figurada que da a entender que todavía hay esperanza de conseguir una cosa.

en la visión cósmica del eterno retorno;

otros cantores de la aventura humana,

ya se sienten pilotando una nave cósmica,

un mejorado navío del espacio...

un Sputnik fielmente mejorado

con el que puedan ir a los confines,

no ya del macrocosmos,

sino del microcosmos universal.

¡Oh, primorosa Polimnia,

musa de mi absoluta inspiración,

abrumadora figura de belleza

y de finísima expresión!:

sé que vivo en una sociedad

burda y de escaso genio,

donde lo irracional sobresale,

creando figuras de carácter totémico.

Mas yo, considerándome peregrino

que transita por todos los tiempos,

deseo contribuir al despertar

del adormecido género humano,

arremetiendo contra ese personaje,

cuya ambición no se sacia nunca,

a ese petulante burgués provisto

de una sensibilidad a prueba de dudas.

Créeme, si digo, que ya no hay tertulias

de altos vuelos, esas que edifican

la posición del hombre en el orbe,

y que consideran su mejor destino.

Soy reacio a lindezas, tales como:

el jardín de los versos purificadores.

Sería conveniente destacar, en este punto,

que la aportación escénica de esta época

es de absoluto vacío teatral,

que sólo se otorga primacía

a lo visual, a la emoción y al suspense.

Paso -así deseo reflejarlo-

noches de perfecto sonámbulo;

el insomnio me genera rara excitación,

un estrés descomunal.

Por eso, salgo frecuentemente de noche,

calado mi sombrero de paja,

y bien agarrado mi bastón de roble.

No es esta, mi musa inspiradora,

la mera confesión de un loco,

de un achacoso anciano falto

de proyecciones de la conciencia,

o del inconsciente, no.

Aunque, bajo cierto prisma,

tendré que admitir, como dijo Strindberg:

"En este mundo de apariencia

todo obedece a leyes del sueño",

consolidando la expresión calderoniana,

que dicta: la vida es sueño.

Hay una cuestión que no me preocupa,

y es la de si sé olfatear

dónde está lo "literario"

de este momento histórico

tan dado a la superficialidad.

Contesto con rotundidad,

que mi obra la escribo para el porvenir,

para jóvenes alocados de un futuro

en el que recobre fuerzas la imaginación

y el conformador aliento poético.

Tengo conocimiento de esos escritores que,

aun estando sometidos a censura

y funesta residencia vigilada,

supieron ofrecer al mundo

su sensible y hondo pensamiento,

al tiempo que se consolaban,

con la naturaleza, la poesía,

y la necesaria filosofía.

¡Ay, mi adorada musa:

cómo deseo librar mis versos

de recias ataduras musicales!

Tanto como, ante la fatalidad

de un mundo absurdo y brutal,

se opere un humanismo estético,

creador y capaz de solidaridad.

El amor crece en mí,

como todo himno a la belleza,

buscando un Stonehenge: Cronlech,

que proyecte absoluta inspiración.

4

Después de la lectura poética y de mis continuas reflexiones acerca del pasado y del presente, ya era hora de preparar la comida, el almuerzo del mediodía. Pensé en un cóctel de frutas y, luego, calamares a la romana. Me puse a ello con alegría. Y mientras la preparaba, una voz, desde las tinieblas de mi mundo interior, se dirigió a mí refiriéndose al éxtasis que provocaba la contemplación de un santuario en ruinas. Y yo, sediento de espiritualidad, pensé en lo que sería el orbe en una eternidad sin seres humanos. Sólo restaba el inoportuno apunte de: *Esto, Fabio, ¡ay dolor!, que ves ahora...* Sí, las fuerzas de la naturaleza: la voraginosa mar, los huracanes, los seísmos, los diluvios, los poderosos relámpagos y truenos, todo ello anunciando pensamientos sobre la muerte y la eternidad.

Blas, un amigo dramaturgo que falleció hace cinco años, me dijo una vez: "Pareces un cartujo[7]". Y dijo verdad. Los frutos de mi imaginación, mi abandono a los grandiosos impulsos líricos y épicos, ese misterioso acceso a islas del silencio, esos seres fantasmagóricos que me increpan con una desgarradora expresión de eternidad, ese resplandor celeste que no me ciega, esa belleza de constelados

---

[7]   Hombre taciturno o que vive apartado del trato social.

atardeceres, el desvanecimiento del sonoro mundo material, el sonido del infierno en las grietas de mi ser, todo ello trata de encarecer la devoción al ideal como contrapeso a los esplendores materiales.

Soledades; sí: soledades con ribetes místicos que no me alejan de la penosa realidad humana. Pero se aproxima mi momento de la verdad, está *a toca ropa*[8], aunque revestido de musicalidad y quizá de cromatismo. Y, pese a los nudos gordianos, voy sin careta ni celada por la vida. A menudo me pregunto si estoy en el centro de un ciclón, cuando veo caer, al atardecer, innumerables hojas marchitas. Incluso lo que escribo parece enmarcado en un tono nebuloso, glacial, de sidérea frialdad. ¡Ay de las cavidades subterráneas terrenales, ay de las catacumbas de amor y de dolor! ¿Acaso soy como esas plantas cuyas flores se abren al atardecer? ¿Cómo se definirá mi ocaso? El sonido de dos rítmicas castañuelas me alejará de estos inclementes pensamientos.

He comido con placer, saboreando los alimentos.

Dijo aquél, que cada género requiere un poeta; y es cierto. Apto para la perfección rítmica y precisión acentual, me he embarcado en semejante aventura, una aventura literaria en la que se mezclan todas las formas, todos los sentires, todas las claridades y sombras. Ignoro dónde puede hallarse el oscuro límite en una novela de ensoñación, en

---

[8]   Expresión adverbial. Muy de cerca.

la que abundan con intensidad los estados anímicos, y en la que se observan reflejos de un trozo de espejo abandonado en cualquier paraje.

Pero la atmósfera de sueño y de esoterismo no empañará la infatigable búsqueda de un sentido a la existencia. Cumbre quisiera que fuese, ésta, de intuición creadora, con ritmos y soplos del poderoso oleaje de un océano rebelde, y que lentamente limpiase las cenizas de la frente, las telarañas que cuelgan de la razón en esa tela de sueño o laberinto abrumador, y dejase completamente desnudo al ser.

Soy hijo de la Noche y vivo en un mundo a oscuras. Mi viaje de imaginación es bajo la negra luz, en la cárcel de la vida humana, percibiendo las miserias de este orbe. Poderosos son las tinieblas en tantos lugares de corrupción espiritual; por ello me encuentro dubitativo en el umbral que es, a la vez, puente hacia la aurora.

Esta no es una morada de huéspedes y yo no soy el anfitrión; lo digo para que esos intempestivos fantasmas que se cuelan de rondón vacilen antes de penetrar. Si bien no me conmueven la oscuridad ni las tinieblas, estoy preparado para encararme con cualquier sombra móvil que finja o engañe, no con la sombra enamorada, quizá nacida de austeras catacumbas, ni con la luminosa sombra que danza revelando sinsentidos. Los encantamientos mágicos sólo pueden deslizarse fríamente por la flor de mi sueño.

Ya son las dos de la tarde y escribo a ordenador las pasadas vivencias. Escribo a vuelapluma y acudo en súplica, de tarde en tarde, a mi venerable musa, porque deseo evitar el carácter vagabundo de la imaginación. La metáfora y el mundo requieren de un ajuste, de una precisión, y como no hay rosas sin espinas…

En el fondo, el mío es un canto a la naturaleza y el equilibrio humano, descifrando esos atardeceres sin ilusión, y dilucidando el sentido de esas formas grotescas que desfilan por la negrura. ¿De qué mejor modo podía llenar fructíferamente el vacío de mis horas?

De súbito, sentí que algo o alguien se movía lentamente a mis espaldas; giré la cabeza y vi que aquello que tenía detrás era un fauno, un sonriente fauno. En viéndolo, formas grotescas desfilaron por mi pasmado interior. Di la vuelta a la silla y me puse frente a él.

-¿Qué quieres? –pregunté.

-Me has llamado –repuso el fauno.

-¡Imposible! Yo nunca llamaría a una criatura pretérita, símbolo de un pasado adormecido –expresé.

-Las tinieblas son tu espejo. Tus noches de noctámbulo o de placeres efímeros se han acabado –sentenció el fauno...

-Siento decirlo, pero eres más feo que un ceratosauro –sentencié, con cierta sorna, cortando el hilo de su discurso.

-¡Ja, ja, ja! Pero, ¿qué es un ceratosauro? –inquirió el fauno.

-Es una variedad de dinosaurio: enormes criaturas que vivieron milenios antes del origen del hombre y que en la modernidad hemos conocido sus esqueletos fósiles y sus morfologías. Aquellos que te dieron vida no llegaron a describirlo –aclaré.

-Bien, prosigo –expresó el fauno-. Entregado a lúgubres pensamientos, no te has visto en el auténtico espejo de la vida. Hay, aunque no la hayas percibido, esplendor en tu negrura, penurias y estrecheces que procuras eludir. Sabes que los sueños no son sólo ilusión: son cual pompas transitorias de pasión que procuran hacerse realidad –Aquí pude apreciar el destello de sus ojos-. Mi inesperada presencia te servirá de lazo entre el pasado y el futuro. El hombre pasa a través de bosques de símbolos iluminados por el inmenso océano del azur y sus misterios. Sí, soy un fauno que te visita sin ser invitado, pero aparezco de continuo en tus sueños, pues en ellos se suelta tu imaginación cual río que se desborda de su cauce. Colmados tus ojos de visiones nocturnas –eres un noctámbulo recalcitrante-, no sabes apreciar qué mundo oscila y cruje en tus descoyuntados sueños –razonó el elocuente fauno.

-Mi espíritu se purifica ante el relámpago y la tempestad y, si bien vivo en un abismo de tinieblas, se acceder a la otra esfera de existencia.

Si me hundo en la inconsciencia, puedo oír los murmullos del más allá, al tiempo que saboreo el místico alimento y olfateo el aroma de las olorosas flores de mis sueños. Eres, creo, una mera aparición, la visión de un ser fantástico que me visita en hora inadecuada. Nada apocalíptico hay en mis textos, ni siquiera un jardín de los deseos inconfesados. Soy, eso sí, un invicto defensor de la espiritualidad laica, el azote de la intolerancia y de la incomprensión. No pretendo crear una atmósfera obsesiva, pese a arremeter contra la invariable bajeza de nuestro mundo. Vislumbro, ciertamente, dónde mueren las palabras, dónde su vuelo fugaz pierde su pensamiento en el inmenso espacio, dónde sus figuras y símbolos se desbaratan y desvanecen. Sirviéndome de una fantasía controlada y del ardor poético, expongo la potencia ordenadora de mi propio pensamiento, algo así como la flor del valle en un poema descriptivo. Todo ello es necesario para hacer un mundo mejor que el conocido, prescindiendo de la funesta realidad aparente y banal. La auténtica verdad, la del hombre y su destino, yace dormida o anquilosada. Por eso me pregunto: "¿es posible un cuerpo humano sin alma espiritual? Sé que ha llegado mi hora cerebral, como a la luz le llega su polarización cromática. Reconozco el aporte de la humanidad de épocas pasadas, así como la contribución de las bellas artes (conjunto de las artes bellas: música, pintura, poesía, escultura y arquitectura) a la propagación de un sentimiento de especie humana, universal, con un destino unitario. Enorme es la potencia de destrucción o de neutralización que impiden el dinamismo social, la apertura hacia un verdadero nuevo mundo distanciado de las maravillas modernas creadas por la publicidad. ¡Oh, bella imagen (rayo engendrador de luz), esa de la ascensión anímica veraz, la que va dejando atrás la miseria y sigue el rumbo de la superación humana! ¡Adiós a la crisis espiritual e intelectual del tiempo actual! ¿No me ves, asombrado fauno, flotando en el azur a ritmo loco, o porfiando con las nebulosas oscuras, *siendo un as*[9] en pugna con la materia difusa y muy enrarecida? -aclaré.

En este punto, absolutamente fascinado el fauno, soltó finalmente una amplia sonrisa y dijo:

-Bien, si no requieres mi ayuda, tal como aparecí me desvanezco –y se esfumó.

Sí, un lenguaje, coherente, fiel y modulado nos acerca más límpidamente las vivencias, precisando cuáles son las semejanzas y diferencias de nuestra experiencia respecto a la de otros. Mi poesía, mi experiencia, mi visión del mundo, mi convicción transitoria de lo terrenal (puesto que su finalidad es aspirar a un universo de verdadera inclinación humana, no sujeta a intereses ni corruptelas de ningún tipo),

---

[9] Ser un as, es ser el primero en su especie.

todo ello me incita a la incuestionable unidad. No existen vacilaciones
en mí, ni soy cómplice de nada. ¡Oh lira de la libertad!

Ahora es el momento de altos vuelos.

Acordes mágicos

destierran sombrías perspectivas;

el rayo herido

ya parece ave de paso.

Hay fiesta en la rotonda.

Una banda musical

orquesta mágicos encantamientos,

mientras un chispeante caracol

refiere un extraño, pero moroso afán.

No saber uno de sí,

mala cosa es.

Vislumbro un templo a la vida,

mas sin adoradores.

La vida es demasiado seria

para adornarla con estrafalarios rituales.

Es de concepción audaz

mirar con nuevos ojos.

¡Ay, bóvedas de caos

y de sibilina pompa!:

los sueños no son espuma

que lentamente amarillece.

A la vera del árbol marchito,

pienso que todo ha de ser pesado

en la balanza del alma.

Tengo un ramalazo de locura

cuando contemplo nubes crepusculares,

esas nubes de rosácea radiación,

que provocan el temblor

del poderoso abismo

palpitante de oscuridad;

son nubes que derramarán lluvia,

una lluvia de vivificante luz.

Desde una extraña abertura

se imprime un nuevo empuje.

Nada es imposible;

pero a veces es necesario

un salto mortal hacia atrás.

Hay que enderezar lo torcido,

discriminar lo justo de lo erróneo,

y emprender un íntegro viaje

con el acervo espiritual.

¡Oh, venerada Polimnia!:

perspectiva tan brillante

no se viera jamás.

Las sabias palabras de los antiguos,

a menudo entrañan algo más.

Soy el espectador

de una ruinosa soledad,

pero poseído de una gran emoción,

al emprender un lucífero viaje .

Jamás buscaré alimento

en los azares de un camino polvoriento,

ni me sujetaré a una sociedad caduca,

sino al árbol seco que recobra vitalidad.

Sé de aquellos que fueron depuestos

de sus dignidades consulares.

También yo tomé semejante decisión,

al deponer de su dignidad animal

a las avispas ichneumonidae

que capturan orugas y las paralizan

para que sus larvas, al nacer,

tengan carne fresca y viva

de la que alimentarse...

Yo empezaba a surgir de mi retiro,

quería danzar a la vera

de las danzarinas luciérnagas,

en un paraje ameno,

repleto de flores purpúreas,

viviendo momentos de profunda dulzura.

Recorrer senderos

que se hallan fuera del tiempo,

o en los confines del universo,

muy lejos de palabras vulgares

que resultan desagradables al oído,

acaso sea ilusión irrealizable. Lo sé.

Y, ¿qué decir de las bellezas ignoradas

de lo abstruso y misterioso,

de las soledades profundas,

del suave claroscuro crepuscular,

o de estar al borde del éxtasis

en otra vibrante realidad?

Sentíame renovado y fortalecido

contra la monotonía de mi existencia.

Mi vida dio un giro imprevisto.

No sé cómo sucedió,

pero supe acudir a la cita de lo intemporal,

a la gran zarabanda atómica,

a la epopeya de los átomos,

donde pude contemplar

verdaderos héroes sin armadura.

¿Y qué decir de los esfuerzos

que resultan infructuosos?

Salir al encuentro de la tempestad

y afrontar el mundo, sin miedo,

en ese alejamiento de la imperfección,

ha sido mi meta, mi denodado esfuerzo.

Brillante audacia de un anciano que,

oyendo cánticos de feliz armonía,

anhela realizar sus pesadillas de eternidad.

Atardece. Acabo de cenar y deseo estirar las piernas. Un paseo por los andurriales (son tan monótonos los caminos conocidos) me sentará bien. Tomo mi sombrero de paja, mi recio bastón de roble y salgo de casa. Aunque sea por un rato, deseo huir de mi hermético encierro visionario; algo parecido a la decisión de aquellos que, una vez, decidieron rechazar la torre de marfil modernista. Mi alma, por ahora, no está en silencio, ni a mí, eso creo, se me puede confundir con un calavera.

Por ese camino de accede a las ruinas de un santuario. En él sólo se observa el total abandono, no quedan los escalones, los fragmentos de columnas, ni los cascotes de mármol. Hace tiempo que estuve paseando por él la mirada; bueno será que esta noche mi espiritualidad se despierte en él, como se despierta el amor en los seres humanos. Sé, no hace falta insistir en ello, que estoy impregnado de un íntimo sentido de la naturaleza, que siempre he querido toparme con un jardín de divinales flores, que mi empeño literario es el de recuperar los auténticos valores del ser humano. Yo soy, respondería si me lo preguntase un juez bajo juramento, hijo de dos mundos: el visible y el oculto. Y, a medida que envejezco, cobra mayor importancia el segundo. ¿Por qué será? En mi metafísica de la realidad se la describe hecha de tradición y de estatuas a personajes idos, y ello difunde una conciencia de fugacidad, bajo una dialéctica vida-muerte, presencia-ausencia. No afirmaré, como lo hace Borges, que *la realidad es monstruosa, mítica, caótica, gigantea, propia de un universo considerado caóticamente*. Y no lo haré porque yo soy panteísta. Por ahora, mientras me encamino a las ruinas del santuario –la luz de luna ilumina con propiedad- me siento tonificado por esa armonía que concede la espiritualidad.

Mas volviendo sobre el meollo, me pregunto: ¿cómo romper las murallas de la pétrea, discriminadora y opresiva realidad? La luz que agoniza me desencanta. Sí, como esos bohordos[10] que sostienen unas flores blancas, amarillas o rosadas, que se abren, lucen y mueren repentinamente.

¿Será mi venerada Polimnia una tejedora de sueños?

Ignoro cómo puede ser, pero en este instante -ya están próximas las ruinas del santuario- me siento rodeado de fuerzas míticas, lo cual alienta mi adormecida sátira contra lo cursi, lo pretencioso, la hipocresía y, en definitiva, contra todo aquello sin más esencias que su traje exterior y su fanfarronería solapada y altisonante. ¡Y cómo me descorazona el saber que hubo grandes ideas, las cuales hoy en día permanecen muertas! Es, sin duda, una visión de horror, un alba sin luz, grandes pasos perdidos hacia el orden moral del mundo. Civilización y barbarie están ahí, redivivas. Mas no diré, como dijo una eminente voz,

---

[10] Bot. Tallo herbáceo sin hojas, y que sostiene las flores y el fruto de algunas plantas.

que *aprehender la esencia del mundo, es caer en el polvo.* Al fin y a la postre, son nefastos signos del tiempo. Por si no lo he mencionado antes, me niego a cualquier fanatismo y a todo dogmatismo. Y jamás viviré bajo el sol de Satán.

Pero… ¿qué veo? Parece una extraña figura entre aquellos árboles. También vislumbro allí un extraño fulgor. Algo siniestro hay en la penumbra de los árboles. Recio es el bastón de roble, pero yo soy un anciano que no tenía prevista una lid con fantasmas o seres amorfos. Espero que no sea un glorioso horror de criatura infernal.

¡Ay, ruinas de silencio, fantasmagóricas sombras, rayos de inefable luz!

Tengo un presentimiento lúgubre. En aquellas piedras descansaré un momento. Pero… ¿qué es esa luz incierta que se proyecta sobre mí? Una figura silenciosa y fugitiva parece acercarse. Mas, ¿qué haré si se trata de un fantasma o de una aparición del los infiernos? Quizá sea un genio del bosque cercano. Si son fúnebres sombras, pronto se irán a dormir a sus tumbas. Me sacude un escalofrío. El autodominio me está librando del pánico.

-No puede acceder a las ruinas del santuario —expresó una faz gigantea, cuyos rojizos ojos parecían llamear.

Me dio un vuelco el corazón, pues aquella faz no era humana. Pero presto me repuse.

-¿Qué dios o qué infortunio me lo impide? –inquirí.

La atmósfera de misterio y temor logró cambiar mi expresión.

-Te hallas en el dominio de Got –dijo con voz terriblemente silbante. Y agregó-. Él podría cegar tus límpidos pero viejos ojos. Quienquiera que pase por aquí está sometido a sus leyes –expresó la faz gigantea.

-A sus leyes me someto -manifesté.

Más allá de aquel espectro, raro espíritu o duende, brotaron relámpagos luminosos, hallándose el cielo despejado. Como estaba en mis cabales, aquello no podía ser una alucinación.

-Te dejo pasar, pero en la linde del santuario hay apostado un centinela quien validará tu entrada, si las respuestas que das a sus preguntas son cabales y bien fundadas –aclaró la faz gigantea.

La faz gigantea, en este preciso instante, se desvaneció.

Caminé unos pasos hacia la linde del ruinoso santuario. Para mí, era un santuario que fue edificado a tres niveles, de ello estaba completamente seguro. Y, justo al borde, me salió al paso el guardián que allí estaba apostado: era el fauno no invitado, el que se me presentó en casa en hora semejante a la de un sol subterráneo que iluminara el mundo.

-Te conozco –dije, alegrando mi rostro.

-Sí, me conoces: yo soy el fauno que entré en tu casa sin ser invitado. Sin embargo, aquella visita fue el preludio de esta –concedió el fauno.

-Aquí estoy, pues. Creo que has de ponerme a prueba, que valorarás mi filosofía mental de un modo rápido. ¿No es así? –pregunté, finalmente.

-¡Así es! Te formularé tres cuestiones, si las resuelves de modo inequívoco accederás a Got –aclaró el fauno.

-Estoy preparado. Mis ansias de conocer a Got son irrefrenables – solté.

-Las tres cuestiones se caracterizan por situarse en tres niveles ascendentes, como los tiene las ruinas de este santuario. Tú darás respuesta al tercer nivel. La primera resulta de: así como la armazón del teatro, de la sociedad… -aquí hizo una pausa-. Responde, pues, al siguiente nivel –expresó el fauno.

Mi inteligencia no divagó; no podía vacilar o errar en la contestación, si verdaderamente quería conocer a ese tal Got. La duda no podía, en este imponente instante, apoderarse de mí.

-Y de la vida, que es sueño… -respondí.

-Bien. La segunda cuestión es la siguiente: materia, movimiento y… - formuló el fauno.

-Esta es muy fácil; se trata de la evolución –afirmé.

-En la tercera habrá, quizá, menos dificultad, pese a que el microcosmos, según en quien, se halla envuelto en nube de polvo. En esta no se requiere una respuesta decisiva que tenga que ver con un nivel ni ascensión, sino que se trata de exponer un sentimiento, una visión del enigma. Dice así: estás viendo un espejo del que brotan chispas, humea y sus llamaradas son espirales. ¿Qué puedes decir al respecto? –expresó el fauno.

-Es el resplandor de efímeros ídolos, la vestidura de fuego de una nebulosa nube, o el hilo de pensamientos tocados por un soplo de maldad. Mejor: es lo que renace, lo que va tomando forma; son, en definitiva, indicios de inminente florecimiento -repuse.

-¡Caramba! Has superado satisfactoriamente la dura prueba. Y, aunque te veo empapado de sudor, asiendo fuertemente el bastón y quitado el sombrero de paja, estás invitado a la eterna fiesta. Ahora arrojarán a tu vera un proyectil vaporoso, pero no es una niebla que pueda ocasionarte la muerte o molestias pulmonares, sino un sutil vapor de perfecta y duradera oxigenación; pues Got, en un santiamén, te llevará, sujeto en la palma de la mano, a una velocidad mil veces superior a la de la luz, por regiones del inmenso espacio, al que ningún telescopio puede llegar. Prepárate, porque alucinarás. Será, a tus ojos, algo parecido a la monografía de un reino, un espectáculo que te dejará boquiabierto. Has de saber que con estas palabras no pretendo sembrar inquietud ni despertar miedo. Una imagen bienhechora se te aparecerá, como en sueños, y sus chispas vivificadoras obrarán mágicamente en tu interior. La proximidad de tu muerte, tras este viaje sideral, te ennoblecerá y humanizará, si cabe, todavía más -razonó el fauno.

-La gran mente no se puede sondear. Espero que Got no sea una criatura espantosa, o que realmente resurja de mi nebuloso interior. Sé que no me hallo en el jardín del diablo (aunque preparado estoy para subir al ring de boxeo y pugnar con él), pero me preocupa el destino del alma humana –declaré con firmeza.

-Señor Ángel: su inmenso coraje es digno de consideración- comenzó a decir el fauno.

Conforme lo miraba, él iba adquiriendo otra forma, la de un ser alado semejante a un murciélago de alas gigantescas. Sí, era una criatura espantosa que me asió en su sarmentosa mano y, de un modo imposible de describir, recorrió espacios de locura. Sentí, de inmediato, la manifestación de corpúsculos, de ondas, de luces, de oscuridades, de frío y de calor.

-Yo soy Got, y ahora nos hallamos –dijo el ser alado, con una voz gutural, aproximando su faz a mi oído derecho- en plena materia oscura.

Entonces abrió lentamente la palma de su mano en la que yo estaba alojado. Permanecí inmóvil, contemplando el esplendor de tal firmamento de negrura, sin sufrir ningún espasmo ante tan majestuosa visión.

En mi interior, oí un terrible alarido y luego un silencio desgarrador. Algo dotado de vida asomó de mi cabeza. Era un morador interior con sus amplias alas, mostrando el carácter de su humanismo tanto tiempo oculto. Cualquiera que lo hubiese percibido afirmaría que se trataba de un horrendo ser reflejado en un vitral.

-Este que ahora nace de ti –comenzó diciendo el ser alado-, no pienses que es un ser sólo brillante, pero sin sustancia, pues es capaz de filosofar con la misma pasión que lo hicieron los antiguos filósofos. Él –cuenta una crónica en verso juglar- es hijo del árbol de divinales ojos, el cual lo proyectó sobre ti. Sé que realiza pronósticos de largo alcance, que le preocupa el rumbo que ha tomado la humanidad. Tú eres ahora su amarradero. Ha averiguado los efectos de las palabras ociosas y apunta que las malas lecturas socavan la moral de la juventud. Él presenta hechos y aclara la verdad; sin duda es lo más selecto en su especie. Sus rosáceos ojos reflejan, en este preciso instante, un bosque de cipreses exaltados, y un negro sudario para colocar en las almas rastreras. Es inconmovible en su mutismo rebelde, si bien su apostura le da un aire mefistofélico. Es, pese a todo, un ser afable y simpático,

moviéndose a tientas en las tinieblas de la realidad conocida, buscando,

quizá, una puerta secreta para acceder a la invisible realidad. Y como

no puede librarse del potencial fantástico, amarillece de tarde en tarde,

y se oculta como símbolo de imperfección –relató Got, el ser alado.

5

Corta es nuestra vida para un pensar tan enrevesado. Mientras el morador interior de amplias alas que habitaba en mí se extrañaba ante un mundo tenebroso, yo vi, a la luz de la luna, que ese pequeño fenómeno era yo, en otra dimensión, en otro juego lingüístico. Brotó de mi sed, de mi esperanza; en realidad era yo, pero revestido de otras formas, acaso también de un entendimiento menos rebelde.

Por momentos me sentí rígido, inexpresivo, al tiempo que se formaba una niebla de hielo no bien iniciado el mes de julio. Dentro de mí, quería estallar como un volcán en esas solitarias ruinas. Y lo hice así:

¡Oh, mi venerada Polimnia!

A ti me dirijo poniendo énfasis

en el cortejo fúnebre de la realidad,

en los pilares perdidos del gran edificio,

en el naufragio de grandes espíritus

que descendieron silenciosos

de su dimensión metafísica.

Los humanos no somos títeres,

ni estatuas dormidas en infeliz pedestal.

En nuestro orden desequilibrado

se cometen atrocidades,

humillaciones, villanías,

groseras infamias,

y el forcejeo en una lucha de agonía

que nunca acaba.

Parece como si el fuego de la vida

no fuese un fuego real,

de claridad celestial,

sino uno sin verdad eternal,

acaso de sangrientas llamaradas.

Estoy exhausto, y no consigo

ampliar mi sentido espacio

hacia el infinito insobornable.

¿Qué clase de lucha se opera en mí,

que hasta criaturas sin genealogía,

despiertan y asoman de mi interior?

Parecía este un instante de gran ventura,

una grandiosa aventura hacia la seguridad,

abandonando el caos del orbe.

Pese a que voy desenmascarado,

todavía me nutro del terrenal polvo,

y mi espíritu sigue tan infeliz

como antes de la aventura sideral.

Odio la alada rueda de la fortuna,

pero desearía algo de ella

para este viaje agotador.

Contemplo, en un espejo,

sendas y otras lucientes orillas

en esferas a las que no puedo alcanzar.

Soy cual un gusano

en un mundo soterrado,

pleno de una fantasía

que jamás iluminará

mis noches y mis días.

Mi alma, de súbito, se oscurece,

esperando de ti un murmullo,

una idea que repare mi frustración.

Cuán infinito es mi desasosiego,

mi rechazo de la actual cultura occidental.

Ahora, en Europa...

¿qué se está incubando

que sea esencia nueva,

o una visión que alivie

la abulia universal?

Honda es mi impotencia,

arraigado mi malestar,

y no vislumbro en el horizonte

fulgores de renovación total.

Tú, mi musa inspiradora,

conoces hasta dónde alcanza

la lucidez de los actuales poetas,

y su conocimiento de la vulgar realidad.

En este grandioso ambiente decadente,

no se originan impulsos ni estímulos;

todo nace fragmentario,

con exposiciones sin luz interior,

sin siquiera arrebatos estilísticos,

sin la grandiosa épica

de los antiguos aedos.

Todo se presenta rígido,

inadaptado, efímero,

pero con íntimas expresiones

que afianzan el devaneo.

¡Oh, mundo en perdición,

de irremediable ambigüedad,

de escasa autenticidad

en los verdaderos valores humanos!

Mundo de desconcierto,

de descuidos esenciales,

de total abandono lucífero.

Nace de mi cabeza un raro animal,

extraña su figura,

indescriptible su símbolo;

y me siento perdido en un fondo

sujeto a leyes fatales.

Me armo de valor,

pero no hallo íntima sustancia;

solamente escoria y vagos cantos,

que a ningún lector pueden seducir.

Ávido estoy de novedades sociales,

de regeneracionismo,

de nuevos argumentos

que despejen el auténtico rumbo

de esta humanidad abatida.

Mi reflexión, lo sé,

es soñadora, casi utópica,

pero creo firmemente en mis sueños,

en mi solidaridad con la especie humana.

La desilusión del hombre

en la moderna sociedad,

en todas sus obras espirituales

puede apreciarse.

La estructura del mundo global

ha perdido su cuerpo formal,

y todo son indecisiones y fluideces.

Mi corazón sangra,

como mis trémulos ritmos verbales;

mi expresión es de tristeza,

no de esa alegría que embriaga.

Musa de mi inspiración,

Preferiría ser náufrago

en una mar vortiginosa,

con vientos huracanados

que levanten gigantescas olas,

y perderme en espacios sin luz,

engendradores de náuseas

y de confusas imaginaciones,

a vivir una existencia de desasosiego.

No existir, cuán preferible es

al fiel espectáculo de la nadería.

Pero el morador interior que nació de mí tomó la palabra.

-¿Puede engendrar la luz oscuridad? Ni siquiera el poderoso rayo de Zeus puede detener esta alma que sobresale para valorar la inmundicia. Desde mi laberinto interior he oído terribles ecos, gritos de desesperación, odiosos desajustes, los lamentos de una multitud que vaga por el mundo. La palpitante realidad visible está en apuros, pues promete multitud de apariencias, falsedades y ocultas desviaciones del sentido armónico y unitario. No existe puerta de salvación individual; el corazón del mundo está en ruinas. Y, vosotros, los metafísicos poetas, ¿qué soñáis en vuestras poéticas alturas? El orbe se hunde, es ya puro espectáculo sin verdadera condición. La indiferencia, la intolerancia…ahora brotan de pechos sin corazón. ¿Quién, con magníficos acordes, llama a la unidad de la especie humana, a la vacilante y abatida humanidad? Soy testigo de que la senda escogida y el destino del hombre avanzan en completo error. El hombre, en general, sigue inmaduro y son innumerables los hipócritas, los impostores, los que basan su esfuerzo en la impostura y los tarugos[11] con aires de suficiencia que continúan sin comprender nada. Ni siquiera la potencia del amor puede contrarrestar la del odio. El humano espectáculo infunde un dolor mayúsculo. No se arregla la humanidad con sermones ni palabras altisonantes, cuando la corrupción, la falsedad y la inmundicia meten sus narices en todo: la maldad campa a sus anchas. El mundo se halla en deplorable momento, falto de la flor y del fruto de una verdadera espiritualidad. Los negocios de la serpiente –esa que se desplaza en viciosos interiores- son vastos y hondos, como el veneno que vierte en todos los remansos. Los mortales, en este mundo materialista, están imbuidos de grandezas humanas, de bienes, de tesoros… Y, ante tan descorazonadora realidad, se rompe la unidad, todo se quiebra y desmorona. ¡Ea! Este es el mundo humano que percibo, un mundo exánime, sin un verdadero movimiento vital; un mundo que produce un dolor indecible, opresión, explotación, confusión y podredumbre. ¿No anheláis un mundo mejor, otro que sea potenciado por la pureza espiritual, más armónico, más equilibrado? Pues, si es así, cambiad de rumbo, depurad vuestros sentidos, y que vuestro signo brote del amor universal. Desde aquí, todo lo veo palidecer, ofuscarse. Me he asomado al mundo real con total

---

[11] Persona ignorante o poco inteligente.

autenticidad, es decir, sin máscara –así acabó el discurso el merodeador interior. Y, presto, se alojó en el interior de mi cabeza.

Yo me quedé boquiabierto. Got, acercó su extensa mano al suelo y yo volví a pisar tierra firme. Él, a continuación, fue menguando hasta adoptar la anterior forma de fauno.

-¿Qué te ha parecido el discurso de esa forma elocuente que surgió de ti? –preguntó Got, ahora bajo la forma de fauno.

-Creo que el signo de su espíritu es el mío, el que refleja la voz que sale de mi boca y se expresa con sentimientos. No obstante, el que de mí asome otra forma, aunque sea momentáneamente, es de difícil comprensión, algo abstruso –declaré.

-Esa efímera criatura –puedo llamarla así- forma parte de tu aliento, de tu mismo espíritu, pese a estar alojada en tus recónditos adentros. Su exposición ha puesto de manifiesto tu coherencia, tus más íntimas convicciones respecto al ser y al existir –expresó Got.

-Así ha sido, y parece increíble. Dentro de mí, en mi microcosmos hay un océano variopinto y formas que sostienen mi persuasión. No es un desierto ni un espacio-tiempo sin corazón, sin evidentes vínculos. La razón los sentimientos e, incluso, la intuición intelectual ahí se forjan –observé.

-Cierto. El espíritu del giganteo libro de fuera se corresponde con el ilimitado libro de dentro –razonó Got.

-Bueno; ya es tarde, comienza a despuntar el día. Tu presencia y tu sana disposición, apreciado Got, han abierto en mí un nuevo mundo de aspectos. Te quedo muy agradecido. ¡Buenas noches! –dije, despidiéndome.

-¡Buenas noches, sereno y lúcido Ángel! –exclamó Got.

Regresé, sereno, a casa, valorando el sentido de la fructífera aventura.

¡Oh, luz de luces! En verdad, todo nació de la luz, esa luz que alumbra y calienta. Multitud de imágenes se agolpan en mi mente mostrando un anhelo, unas ansias de fijarse en el texto que he de ofrecer al mundo. Mas tales imágenes, en su breve vuelo, en su fugaz presencia, pueden facilitar el humano despertar, un sueño que sorprende al salirse de madre, al irrumpir con una fuerza inusitada.

Esas imágenes que deslumbran y fascinan, a la vez, son de esperanza, de una encendida ilusión, de un sentir que desahoga en serena espiritualidad. La ruina que azota el mundo nace del egoísmo, de la prepotencia, de la intolerancia, de buscar un provecho material pese a quien pese. La paz del mundo también está en peligro, y algunas potencias tocan sus trompetas avisadoras de inminente guerra.

He aquí que yo no soy nadie: no soy estadista, político ni asesor de nada; pero soy un librepensador, un anciano que escribe a ordenador lo que le dicta su honda alma. En este bullicio, en este alboroto de conveniencias se ha relegado el inviolable sentido espiritual; y la astucia, dueña del marco, puede con el afán del puro pensamiento, del pensamiento absolutamente desinteresado. ¿Puedo, desde mi sitio y sintiendo lo que emerge de mis adentros, darle ánimos a la humanidad sin implorar regeneración y un verdadero cambio de rumbo?

No; el desorden es insaciable en su empeño de que permanezca la desigualdad. Hacen falta más que bellas palabras para cambiar la dirección del mundo, de la desesperanzada humanidad. El crudo interés, y no la razón, es lo que impera en la determinación escogida o impuesta. Así lo espurio campa a sus anchas, ahogando la benéfica y humana visión espiritual.

¡Oh, Polimnia de mi aciaga hora: cuánto desearía que al despuntar un nuevo día vibrasen nuevos acentos, acordes de una indestructible espiritualidad, y que la veraz y bella palabra abarcase todo el humano menester!

Tú, mi señora de la inspiración que, cual pájaro sensitivo que infunde confianza y seguridad, me muestras el único sendero iluminado en la vasta oscuridad: dime si el mundo podrá sonreír dejando atrás sus vicios, sus confusiones, sus errores, los malos hábitos que lo han movido hasta aquí.

Soy el que rechaza los elixires del diablo y de las brujas, el que no tiene miedo a la llama del renacimiento, el que imagina un mundo de amorosa pasión.

¡Oh, misteriosa luz, infinito arcano que moderas mi agonía en viéndote cómo todo lo iluminas y cómo revelas la recta razón del ser humano, el majestuoso templo de su cordura. Ya el gemido proveniente de mi interior es cual sueño de sombra que huye y se desvanece. Las bienhechoras ilusiones se deleitan en un jardín donde el sueño rinde su valor. La hermosura ha dado su adiós a la amargura, y nuevos céfiros confortan el humano espíritu. Corazón y hermosa lengua han derrotado el falso rumor del mundo.

Desde lo más hondo de mi ser resuena lírico acento, y los cielos difunden grato esplendor. Mas antes de que me acoja la fría tumba, quiero ver cómo la noche eterna se hace con el abismo, y cómo los humanos disfraces huyen espantados del fértil reino de la espiritualidad.

En mi soledad metafísica,

la palabra es más que signo de luz,

más que ordenador pensamiento:

es espíritu en profundo ritmo,

iluminando con el fuego de su intuición.

¡Oh, venerada construcción de la mente,

edificio de elocuentes palabras

formando exquisita unidad!

Mi conciencia establece una ideal

de ruptura de la visible realidad,

de la realidad usurpadora de la razón,

de la realidad estéril e inmóvil.

Ya nadie cree en la excelencia

de la visible realidad

que todo lo metamorfosea

a capricho de nefastos intereses.

Mi espíritu se rebela

pensando en el humano porvenir.

La línea de mi sueño se quiebra

al contemplarla con sus máscaras,

con sus falsas referencias,

con la grosera impostura

de sus aciagos dictámenes.

Incluso el sentido del pasado

se alza contra semejante usurpación,

contra una concepción en completa opacidad.

El brillo de la evolución

no puede perderse en un vacío,

o en una ruina atómica;

muy al contrario, debe encender

un futuro de alas azules,

de imágenes inclinadas hacia la virtud,

de amor, justicia y belleza.

Mis ojos se serenan

en las altas cumbres del arte;

allí captan el delicado compás,

la escena que se funde

en definitivo amor.

¡Oh, resplandores súbitos,

y giros inesperados

de un acorde sideral!

Mi pensamiento ya relampaguea

al sentir, en mi interior,

cómo se abren las vistosas flores del campo,

cómo saludan al nuevo día,

y al sol que las baña con su luz.

6

Es un nuevo amanecer, un nuevo principio, una detención de la oscuridad. Mis ojos se han abierto en el momento preciso en que un rayo de luz hiere la ventana que da al este. Soy el mismo de ayer, pero más sereno y más confiado en los ritmos que deben causar efecto en mi orquesta lírica. Uno, en la vejez, se rejuvenece, vuelve a la época infantil y se asombra como se asombraba cuando era niño.

Ahora los elementos intelectuales que intervienen en mi poesía muestran rasgos, pulsos, significaciones infinitas. Aludo y eludo, manifiesto y silencio, mas nunca engaño al lector. Con palabras vagabundas jamás podré definir la unidad, lo unitario, ese equilibrio armónico que todo lo justifica. Mundo, imaginación y memoria son tres pilares fundamentales. Con la imaginación podemos colocar del revés el mundo; con la memoria valoramos el esfuerzo y la atracción del pasado; con el mundo podemos vomitar, suspirar, reír o dormir a pierna suelta sin que nada desfallezca.

Captar el mundo mediante la imaginación no es tarea banal, requiere cierta vinculación, sentir la extensa dignidad ontológica. La imaginación creadora conlleva trascendencia, al forjar nuevas imágenes del objeto analizado. Con solo la imaginación puedo hacer perceptible lo invisible, eso que se halla oculto en la realidad, y sus numerosas máscaras. Y la literatura, bien visto, es un asunto de creación poética, de libre creación no sujeta a nada. Somos esclavos de un juego vacío, un juego enteramente irracional.

Me puse al ordenador, después de almorzar. Y, mientras tecleaba, fijando mis pensamientos en un fichero digital, algo encendido se aproximaba morosamente a mi nariz. Agucé la vista y vi que se trataba de una motita[12] de polvo iluminada por la luz que despedía la pantalla del ordenador. No sé cómo pude preguntar lo siguiente:

-¿Quién eres tú?

-Yo soy Xea, más iluminada, si cabe, gracias a la luz que despide la pantalla de tu ordenador. Aunque mi nombre te parezca femenil, soy una motita de polvo asexuada. Añadiré que, como puedes ver, floto y progreso, impulsada por suaves vientos e impetuosos fotones. Mi anhelo es salir de esta morada y llegar a un calvero, sea de bosque u oquedal, aunque estimo que será difícil tarea —expresó Xea, la iluminada motita.

---

[12] En la nota de Alberto Bernabé (*De Tales a Demócrito. Fragmentos presocr*áticos. Alianza Editorial, S.A.), hay una referencia de Aristóteles en el apartado *Acerca del alma*, que dice literalmente: "Parece también que la teoría de los pitagóricos comporta el mismo razonamiento; en efecto, afirmaban algunos de ellos que eran *alma* las motas que hay en el aire; otros que lo que las movía. Se refieren a ellas porque aparecen moviéndose sin cesar aunque haya ausencia de viento".

-Yo podría soplarte, incluso podría agitar un abanico y hacerte aire con gracia y salero. Te impulsaría fuera de mi morada; mas presiento que solo ascenderías hasta las nubes, y allí, cualquier potente gota de lluvia, te precipitaría al suelo, donde seguramente, te descompondrías. Sin embargo, estoy seguro que semejante experiencia no significaría tu final –argumenté.

-¡Qué tristes han sido sus palabras! Tú, que eres un anciano avezado en la belleza, en el arte y en la más dignificante poesía, que haces tus místicos pinitos, ¿acaso no puedes pronunciar vistosas palabras de cabal hermosura y de infinita ilusión? –me reprochó Xea.

-Sí; puedo. En realidad, estimada Xea, al decir lo que has oído, he pretendido adivinar el alcance de tus sueños, la disposición de tu conocimiento verbal, tu idiosincrasia, un rasgo de tu esencia. Tú, como una gota de agua, o de rocío que cubre la hoja, sois mis seres más entrañables, pues no estáis sujetos a delirios, locuras, ni desviaciones esenciales; sois, en definitiva, un verdadero ideal. Por esos os considero mis alegres diminutos, esos que están en comunión con la armonía universal. Por una motita danzarina sería capaz de ofrecer mi mística locura –solté, con ardor, de un tirón.

-¡Ay, qué anciano más delicado y portentoso, a la vez –exclamó Xea, la iluminada motita.

-Llámame Ángel, y seré tu compañero en esta íntima morada, serena y amena, en la que no suceden desmanes ni brutalidades. Y, si prefieres abandonarla y dirigirte a un calvero, porque no concibes una relación con una envejecida presencia … -observé.

-No sé qué decir. Me has cogido en un momento de vacilación, de desconcierto, sin un claro sentido de profundidad. Pero agradezco tus sentidas palabras, son realmente conmovedoras. Al fin y al cabo, aquí mismo, cerca de ti, puedo se la más paciente, la más armoniosa de las criaturas que pueden expresarse. Si te parece bien, podría discutir contigo acerca de los aspectos más relevantes de toda existencia. Como puedes captar, estoy dotada de verdaderos atributos. ¿Qué me contestas al respecto? —expuso la motita iluminada.

-Que sí, que eres criatura digna de morar, de cohabitar conmigo – repuse con alegría.

Sensación,

ocaso o muerte,

inútil alejamiento del sueño.

Cerca de tu faz

se extiende el abismo interior;

ningún velero rumbo a un puerto.

El nacimiento es una herida

forjada entre la cuna y la tumba,

una ruina en la realidad del sueño.

Anhelo mi alma

fuera del vacío del mundo,

volando hacia el infinito azur,

y olvidándose de toda falsa grandeza.

Atisbo un tedioso futuro,

sin niños felices,

sin esperanza;

un desierto horroroso

plagado de absurdas palabras,

somnolientas, sin vibración.

De mi nada,

de mi interior recinto sin luz,

de la invisible ola

que se pierde en mis orientes,

no sé qué añadir,

pues apenas vivo dentro de mí.

Un cielo es

un capricho libre,

un antojo efímero,

una ficción de imposible brillo.

Extensa es la angustia

en el sendero imposible,

tanto como la agonía

que se olvidó del amor.

Fantasía y vida,

fuerza emotiva por derrochar;

y, en medio de ellas,

un espíritu libre descubriendo

la verbosa mentira social.

Cuando escucho esa música que vibra

me lleno de gozo de un mar infinito;

entonces el ritmo de mi vida

es un amor entre dos mundos.

Bajo la luz del amor

no hay lugar para el error,

porque él es un acierto

que irradia felicidad

en este mundo conflictivo.

Mi corazón por fin se agita

tras años de somnolencia;

y mi espíritu traza el rumbo

hacia la única fuente de vida.

¡Oh, Polimnia:

entre tu mundo y el mío

qué maravilloso vínculo

nos une en plenitud!

En mis sueños

ya danzo con las metáforas,

me confundo con la figura de bellas imágenes,

y me fundo con dóciles fantasmas

que pueblan mi ilimitado universo.

Respiro aires celestiales,

al abrirme a una claridad

de alegre espacio infinito.

Esencia antigua viene a mí

desde la otra orilla del verbo;

y serena estancia vislumbro

en el origen de cada misterio.

Hoy todo culmina en íntima luz,

sin tristeza ni melancolía,

pues me asomo plácido

a la luminosa palabra

que es hermoso canto de vida.

Con la esencia de la poesía

me adormezco.

Y, en el sueño,

tras un curioso juego de palabras,

parece que sonriente despierto.

Hasta lo más puro y escondido,

presto enciende sus frutos.

En una vaporosa región

estoy dotado de extensión;

y en semejante ámbito

también busco justificación.

¿Qué soy yo,

además de esencia, existencia

y confusión?

Sé que la locura gravita sobre mi poético fondo,

pero es una locura con espíritu cultural.

¿Por qué será que el mundo

me parece más luminoso

en mis radiantes ensoñaciones?

En ellos no tengo miedo a las tinieblas,

y todos los monstruos que aparecen

son de apariencia inofensiva.

Allí no hay confusión ni vacilación,

todo se halla concertado

a la luz de un universo creador.

Poesía como única esencia

al otro lado del espejo;

poesía como benéfica lluvia

en un orbe de cálidos reflejos.

Espero que no todo se oscurezca

cuando rebase la ancianidad

y me halle en la decrepitud.

¿Fue mi juventud sombra engañosa

de lo que pude haber sido y no fui?

Mi vida intelectual

es solo búsqueda de la unión originaria,

un movimiento hacia la belleza de la humanidad

en la naturaleza que todo lo abarca.

Mi ideal humano

es una fuerza que me impulsa hacia lo infinito,

configurando rasgos de espiritual plenitud.

He salido del círculo patético

y me proyecto hacia lo absoluto.

Si muero en armonía

con el inmenso universo,

mi unión será infinita.

Mientras escribo crezco,

a golpe de reloj.

De súbito, soy otro,

más maduro,

más proyectado,

más esencial.

Mas cuando dejo de escribir

todo se me hunde,

y apenas encuentro

referencia que me sostenga.

Solo la luz de mis textos

llena mi vejez de ilusión,

de belleza y vibración.

Vibro en cada ritmo,

con cada correspondencia,

con cada signo revestido de hermosura.

Si no escribiera,

estaría a merced de la ausencia,

o acaso de la locura.

Mi afán pugna por ir más allá

de la monstruosa calma,

de la esforzada quietud,

de la obstinada melancolía.

¡Oh, Polimnia, mi musa venerada:

abro los ojos y contemplo

un horror existencial, inhumano!

El espanto de tiniebla y vacío

anulan mis ya debilitados rayos de luz.

En este subterráneo mundo de tinieblas

-ese es el rasgo de su apariencia-,

el ser se hunde en absoluta frialdad.

Ignoro si mi debilidad

está al borde de la locura,

pues chapoteo en aguas de sufrimiento.

Si se me revelara la verdad,

el camino que se aparta de la tiniebla,

qué dichoso sería,

tanto que compondría himnos

a tu fervorosa donosura.

En este alocado mundo de imágenes

se apoderan de mi mente raras figuras,

gigantescas fauces de desasosiego,

rojizos ojos que sonríen con desdén,

y una turba en completa inanición.

Ignoro que queda ya de mi esperanza,

o si me hundiré en la desesperación.

Todavía contengo el aliento

ante la creciente intolerancia,

esa que mantiene intactas las ligaduras.

Para morir he nacido,

mas no con colores borrosos o indefinidos.

¡Ya me aproximo

a las llamas de un fuego irreal

que me estremece y consume!

Acaso ello sea el fin,

o la promesa del abismo.

¡Oh noche suspendida

en tinieblas sin humana esperanza:

no deseo vivir en tu sueño,

en la bajeza de tu extravagancia,

ni en el débil manto de tu solemnidad!

Contigo se muere mi edad, mis ansias,

y en el giganteo árbol

espero la paz de espíritu.

Noche de ambiguo destino,

de profunda desazón

y exenta de inspiración.

Siempre anhelé alas

para volar, en la noche concebida,

hacia tu perpetuo centro sin fisuras.

Pero esta noche que atisbo,

es noche sin voluntad y de ceguera,

noche de escarnio y heridas.

Hoy, bajo el esplendoroso sol,

me aúno con la dignidad del extraño,

dejo mis máscaras en un rincón,

y recobro mi espiritual naturaleza.

No existe rival en mi existencia,

pues, junto a mí,

una multitud aspira a lo mismo:

unirse a la totalidad,

al dinamismo cósmico.

Sé que peligrosos umbrales

conducen a la luz muriente,

y, de su pétreo silencio,

nada retorna con esencia.

En los pliegues y repliegues de la realidad

he visto el rostro de lo miserable,

de la inquietud, del rabioso desatino.

En el manto de la noche espiritual

he colocado todos mis acordes,

exquisita cadencia musical.

Anhelo vibrar unido a su flor,

a su modulada llama,

al gracioso silencio que difunde su corazón.

-Pero, ¿dónde estás Xea, que miro y no veo tu resplandor? –pregunté,
alarmado.

-Aquí, casi tocando el techo. Los aires (y una inapreciable voluntad) me impulsan según la ocasión; asciendo, desciendo y nunca tengo un sitio fijo –repuso Xea.

-Desde mi solitario lecho te observo con calma. Sé que, aunque hay órbitas dentro de ti, por fuera eres libre y no reflejas atonía. ¿Qué diría, si te conociera mejor, de tu alma? La tuya es a la mía como el valor a la condición; pues tú no desesperas, tienes afanes, pero tu rumbo es azaroso, caótico, ajeno a tu voluntad –manifesté, serenamente.

-Una sucesión de causas y efectos naturales me ha traído hasta ti, Ángel, gentil anciano a mis ojos. Y siento que mi espíritu goza a tu vera, contemplando desde cierta altura tu bello rostro, la blancura de tus canas, y esas arrugas de animal racional sin excesos. Tu imaginación satisface a mi razón; el aire de tu noche, a mis horas íntimas. Soy motita de libre pensamiento, aunque no de voluntad; pero aun sin voluntad gozo de una suprema felicidad que me concede el pensamiento, cuando estoy cerca de ti. Sé, mi microcosmos así lo dicta, que jamás sufriré agonía, pues las motitas de polvo menguan o alcanzan mayor envergadura. En tu dormitorio, acuden a mi mente experiencias vividas que fueron singulares, momentos de frenesí, y cabeceos que quebraron mi esfericidad. No soy de mármol y muestro signos de debilidad. Pero sueño con que alguna vez progrese según mi única voluntad –soltó Xea, en edificante discurso.

-Apreciada Xea, eres verbo incluso en la profunda sombra. A mí, que soy un viejo que raya en la decrepitud, me haces vibrar, me fascinas, consigues que mi mente olvide el más allá y antiguas metafísicas. Tu luz es ahora mi luz; tus arrebatos, la lámpara que enciende mi adormilada mente. ¿Cómo podría yo ser sangre de tu sangre, virtud de tu virtud, cielo de tu hondo cielo –expresé, conmovido.

-Nada femenil hay en mí: soy asexual, pero comienzo a enamorarme de ti. Ignoro de cuantos años es mi vejez, ni los años que he permanecido suspendida sin destino fijo. Pero has de saber que tu viejo corazón ya late en el mío, tan pequeño. Ahora callaré, porque deseo que te duermas. Al despertar, dispondremos otro concierto –concluyó Xea.

(7)

Somos diminuta gota en un inmenso océano creador; mi existencia terrenal se inscribe en un infinito luminoso, acaso escondido en la vorágine de las tinieblas. Luz es mi conciencia, mi obrar, la voluntad que me lleva hasta el final de mis días. Una visión amplia y libre sobre el mundo físico y moral me instala en la dinámica universal. Lo divinal que yace en mí es afín al universo entero, del que soy una de sus criaturas. En un verdadero ideal humano se halla el sentido auténtico del mundo. La única verdad admisible es que soy hijo del Universo, que es un Bien verdadero. Lo que el vulgo persigue solamente es consuelo de sensualidad y gloria mundana. La felicidad de mi alma es lo fundamental. La sabiduría que rige el mundo es divinal y nace de la luz interior. También soy libre por el valor impersonal de la verdad.

¡Oh, cuán bella es la expresión del dinamismo físico, de la armonía universal que en todo acomoda el equilibrio! De esencia activa, de dinamismo está forjado mi ser. En el orden cósmico se encuentra lo divinal. El microcosmos debe estar en armonía con el macrocosmos. El mundo como espíritu es entendimiento infinito. Todo en la naturaleza tiene espíritu, aunque sea en grado variable. Voluntad y entendimiento son impulso de autoafirmación.

¡Oh, mundo del espíritu:

tempestad en el universo de lo visible!

El espíritu vital

en el remoto azur

se reviste de hermosura

y de una luz

que dora sus otoñales días.

Mi alma solo anida

en la mansión del amor,

en los cielos encendidos,

en la noche que encierra

poderosa luz evanescente.

Mis pensamientos,

como mis canciones,

son fruto de un despertar interior,

de una onda sutil

que todo lo anima con su son.

Son eviterno,

musical cual armónica locura,

como el goce de una flor multicolor,

como la aurora que exquisita se despliega

en maravillosa y lucífera soledad.

Por un beso sideral,

por un sueño de estrellas,

por una luz crepuscular

que dulcificase mis dolencias...

¿qué daría yo

como dulce prenda de mi alma?

Son las dunas del desierto

venturosos sueños,

búsqueda de nuevas formas

y de resplandeciente luz.

Si yo estuviera perdido en las tinieblas,

quisiera que una lágrima fuese flor

del sueño de mi vida.

¡Oh, gloriosa luz,

aurora refulgente!:

ilumina mi serenidad

con el aliento de tu cordura.

Eternal es mi ansia

de acceder a lo profundo,

a la precisa esencialidad,

a un reposo de plenitud y calma.

La flor que duerme

no se inquieta con el rocío;

antes bien, palpita

con un débil brillo musical.

¡Cómo deseo una luz

que sea aurora en mi océano

de suspendida tristura!

El espíritu del átomo

jubiloso despierta de su reposo,

y siente su esplendor junto a los otros.

Con alas eternales

viajo por el universo material,

¿cómo de invisibles serán

en el universo espiritual?

Voy recorriendo, sonriente,

el penoso sendero de mi existencia.

La caricia de la muerte

será el fin de mi vuelo.

Aun en el desierto de la vida

sigo sonriendo.

Anida un dulce pájaro en mi mente,

cuyo trino es alimento

para un espíritu soñador.

Estoy colmado de sueños,

que son pájaros libres

que cantan sin engaño.

Una gama de emociones místicas

me aproximan a la infinitud;

entonces quiero ser otro

bien diferente al que soy.

El aliento de todo lo que respira

hállase dentro de mí,

de múltiples formas concebido.

Luz, color y llama

en perfecta liberación.

En un jardín florido

abandono mis mundanas pasiones

y me yergo sobre el resonante interior.

Si el infinito se prolonga en lo finito,

¿de qué naturaleza es mi dolor?

¿Soy criatura, ilusión,

sueño ilimitado de pura condición?

Fuera de mí

todo es manifestación;

pero en mi microcosmos

se difunde revelación.

Escucho una misteriosa música

que tiene su origen en la flor,

flor que domina el espacio

con su oscilante espíritu

tan pleno de ilusión.

-Has dormido y, no sé cómo, un suave viento me ha acercado a tus ojos. He soñado contigo, con tu airosa vejez, con tus textos poéticos embravecidos. Y ya estoy a la vera de tu versátil imaginación. Evitaré, como sea, mi dispersión, pues deseo estar cerca de ti y contemplar tu íntimo resplandor. Tu espacio es ya mi espacio; en tu vida cobra relieve la mía –razonó Xea.

-Ahora me incorporo y te lanzo un soplo que es un beso. Eres la flor que me llena de júbilo, lucidez tempestuosa, oleaje de evocadoras impresiones. Te quiero, mi dulce Xea, y a ti entrego mi cielo, mi luz, mi empeño. Eres un alivio para mi solitaria vejez, voz que flota en el espacio como astronave que dictara sus sueños –expresé, candoroso.

-Ahora que te conozco mejor, quisiera hacerte una íntima confesión –
dijo Xea, con débil entonación.

-Este anciano es todo oídos –presto, expresé.

-En el momento de tu agonía, y deseo que tarde en llegar, desearía…
¡ay, mas no sé cómo cumplirlo!, morir en ti, que tu boca se me tragara,
para fundirme contigo –confesó Xea.

-¡No; no querría mi agonía tanto horror! –exclamé.

-No es horror, es amor; glorioso resplandor de un alma que se siente
eternamente unida a ti –observó Xea.

-En mi agonía no podré moverme ni acercarme a ti. Es del todo
imposible que puedas estar tan cerca de mí, que baste con abrir mi boca
y accedas a mi interior. Tu confesión me entristece –aclaré.

-Todo será, si los suaves vientos me son favorables –agregó Xea.

'*Pero cuando se ha alcanzado la expresión firme de una intuición
artística, va en ella, no sólo el sentido universal, sino la esencia del
espíritu que la poseyó y el sabor de la tierra de que se ha nutrido*'. Esto
escribió sabiamente un crítico[13] literario. La palabra poética
iluminadora posee una eficacia que la realidad inhibidora no puede
abolir. Es ya palabra regeneradora, cuya repercusión en la realidad forja
crítica. Por unas palabras renacemos y resurge vivaz todo humanismo.

---

[13] Extracto de *El descontento y las promesas*, de Pedro Henríquez Ureña.

De hondas sensibilidades y de clara independencia estoy hablando; de una fuerza y razón integradoras de la unidad universal.

El impulso poético también opera en el decadentismo insuflándole aspectos y rango renovadores. Hay unidad, en la composición estética, cuya belleza abarca el dinamismo universal.

De efectos y cromatismos, de luminosas metáforas que arrancan máscaras y falsos ropajes de la realidad; sí, de eso es de lo que hablo. Porque la creación poética es ilimitada, indestructible y de una sonoridad que nace quebrando fetiches. Gracias a ella, se produce una resonancia social, un ajuste de las instituciones, una reorientación más cabal que se explaya con principios de humana grandeza. Ver la luz en la oscuridad, sorprender espiritualmente todas las turbulencias... ¡ay poesía iluminadora: virtuosa exposición de un ser en armonía con el universo entero.

-¿Dónde estás, mi íntima Xea? –pregunté al entrar en casa, después de mi nocturnal paseo.

-¡Aquí, en la salita de estar! –escuché.

Di unos pasos hacia la salita de estar y vi, a la altura de mi cabeza, una motita de polvo refulgente.

-¡Caramba, estás a nivel de mis ojos! Ahora me aproximo a ti, sin incomodarte. Y no cogeré la lupa que hay en esa pequeña biblioteca, para que no sientas que violo tu intimidad -argumenté.

-¡Cógela! Yo nada tengo que ocultar –Xea, hizo una breve pausa; y añadió-. Por cierto, me agradaría que me contaras lo que ha sucedido en tu nocturnal paseo.

-He caminado hasta la linde de un boscaje. Allí me he topado con una luciérnaga, la cual, sin mediar otras palabras, me ha preguntado quién soy yo.

-¿Y qué le has dicho? –inquirió Xea.

-Uno, en este punto de la vejez, conserva la espiritualidad, pero referente al aspecto físico es evidente que anda encorvado, y no sabe uno a ciencia cierta quién es. Se han operado tantas transformaciones en el decurso de mi vida que… -expuse, mirando a Xea fijamente.

-¿Le has dicho que no sabes quién eres? –preguntó, indagadora.

-Le he respondido con estas precisas palabras que ahora repito: *'No sé quién soy, ahora que todo se me anubla. Soy un viejo, uno que pugna con la aparente realidad y se estremece al contemplar su caída, el hundimiento espiritual. Sí, soy uno de esos que lucha por el regeneracionismo cultural'* –expuse.

-¡Vaya! La habrás dejado perpleja. Desde que el ser humano levantó menhires, dólmenes y trilitos jamás escuché tan desasosegada afirmación. Bueno; quizá mi inesperada presencia devuelva alegría a tu grave rostro. Esta morada premiará, de algún modo, una jubilosa serenidad –profirió Xea.

-Tu nobleza, diminuta Xea, levanta mi espíritu y agiganta mis ganas de vivir. Afirmo, mi dulce Xea, que eres como un capricho español para este anciano en declive –solté, finalmente.

Es la hora de los ídolos,

de los pintorescos fetiches;

hora en que la vivacidad de lo real

adopta su sórdida estampa.

Voces que desafían los cielos

resuenan espantosas

en un ámbito abominable.

¡Es la humana perdición,

el vacío sujeto por la Sombra,

o los sentidos dominados por la perversidad!

Sueños espantosos

se hacen con la realidad;

la subvierten, la esclavizan,

y ya nada queda en la conciencia

que posea un fundamento real.

Nuestra aciaga humanidad

es ahora un infierno,

sin luces orientadoras,

con monstruos que vocean

en bárbaros umbrales

una nada de oscuridad y muerte.

Nada se ha dicho hasta ahora

que pueda compararse a este sufrimiento,

el cual es ausencia de todo bien.

Rugen las llamas,

el horror se enerva en los espejos,

y ya veo la espesa senda de lo mortuorio.

¿De qué amanecer,

de qué profundo silencio,

de qué dominante oscuridad

se me anuncia el fin de la humanidad?

Marmóreas facciones

absorben mi mirada;

mi juicio huye tembloroso

de mi murmuradora derrota.

¡Oh, Polimnia, mi venerada musa:

ya todo participa de la Sombra,

mientras una larga pena

palidece los abatidos semblantes!

El mundo ha dejado de ser un laberinto;

es ahora una vibrante prisión.

Y el ser humano, desprovisto de atributos,

es ahora raíz de absoluta depravación.

¡Arriba la belleza y el corazón

de la inmortal palabra que alienta;

que resuene firme y potente

derribando el horrendo primitivismo!

Todo se ha tornado lívido,

y el hombre ya es figura sin luz.

Ahora alzo la cabeza y grito:

¡oh, palabra iluminadora,

abate las miserables construcciones

que se alzan opresoras,

y cuya esencia es polvo y nada!

¿Quién ha voceado: ¡a por una deshumanización del arte!? Un arte sin espiritualidad –y fuera del marco humano- no tendría sentido, y sería tan arbitraria su repercusión que cansaría, o a nadie interesaría. Con respecto a la literatura, cierto es que podemos jugar, divertirnos con el lenguaje, pero, ¿hasta cuándo?

Tampoco el hermetismo en el arte adopta relevante consideración; sólo lo humano, lo verdaderamente humano puede explayarse en las riberas del ser y del existir. El arte está obligado a dar una dimensión de la existencia, a penetrar en la hondura de todo lo instituido y levantado por el ser humano.

La dimensión cultural es una característica necesaria, esclarecedora de circunstancias históricas. En un marasmo social como en el que vivimos, entrado el siglo XXI, la misión intelectual del artista y literato es la de expresar la verdad en el movimiento de la realidad, sea mediante la crítica, el esperpento, la ironía, la caricatura… Se han de valorar los argumentos del actual edificio social. Es necesario – permítaseme decirlo así- una vertebración filosófico-humanista de todo lo que concierne a la especie humana. ¡Viva el regeneracionismo cultural!

Es un sol metafórico…

lejanísimo,

que es orden de vida iluminada,

naufragio para tantos restos inservibles.

Teórico sol

de la vida humana

que cumple su faceta literaria,

¡y cómo entrega su realidad

en cuerpo y alma!

El agónico existencialismo

unamuniano

podrá regenerarse,

gracias a su armónico equilibrio,

a sus rayos equitativos,

a la gravedad de su espíritu,

y al misterio solidario

de su suprema sustancia.

Mi pensamiento,

como todo humanismo integrador,

va directo a la médula

de la cultura y del arte;

y mi épica visión,

aunada con las antiguas epopeyas,

cruza regiones deshumanizadas,

justificando la finalidad

del verdadero sentido poético.

Anhelo luz...

en la evolución estética,

y un arte, cuya función esclarecedora,

acabe con el silencio sepulcral.

Orden, armonía,

y trascender lo anecdótico o insustancial

han sido mi honorable visión:

romper con la monotonía

y la ruinosa esterilidad.

Mi ser suspira, pensando

en el orden eterno de la razón.

-Romántica carta a mi estimada Xea-

Estimada Xea:

Tu presencia en mi morada ha cambiado mi paisaje cultural; ahora suelo mirar mucho más hacia las alturas, donde existe un jardín, quizá ignorado por los mortales, pero poblado de diminutas almas que sólo pueden pensar, mas no obrar.

Mi amor hacia ti, totalmente desinteresado y no libidinoso, es cual viento imperecedero que, no sé cómo, se une a la tragedia griega, cumbre luminosa para el mundo entero.

Desde tu incierto -por ser móvil-, sitio, mi espíritu te acompaña, pensando que cada día que transcurre si es, realmente, el primer día del mundo. Estás ahí, a menudo iluminada, sin auditorio que perciba tu grácil sonoridad, pero magnificada por mi gigantea visión de ti. Tus horizontes, polémica condición, también son ahora los míos.

Sujeta al albedrío de una ley natural, eres mi simbólica diosa, la serena y perspicaz torre que engalana mi vejez y me devuelve sonidos y articulaciones jamás soñados.

Te quiero, sí, como un viejo que, en el terreno lingüístico, descubre una luminaria, un tesoro espiritual, un valor de suma vitalidad. Junto a ti capto la armonía de las normas eternas, me intereso por todo lo que se halla suspendido, orbite o no, en figura y símbolo y que trasciende la oscura posmodernidad.

Gracias te doy por haber arribado a mi mundo y transformado a este anciano que sufría la ruinosa esterilidad de los actuales tiempos.

8

En esta última semana noto que ha volado mi fantasía, y ya parece que acaricio el infinito. Pero, ¡qué más quisiera yo! La calma ha contribuido a mejorar mi estado de salud. De continuo, vislumbro sutiles resplandores doquiera que miro, ignotas playas de distantes regiones del espacio buscan un lugar en mis visiones; parece que una sublime existencia me ofrece divinales deleites. ¿Qué me sucede, qué se ha adherido a mi límpido cristal?

Mi juventud ya pasó; también la feliz hora de la fiesta. Ahora, regresando al entero asombro de mi niñez, sólo soy anhelo buscando una existencia armoniosa y creadora de felicidad. Desde el seno de la corrupción y del dolor, escribo estas frases con la esperanza de que mentes perspicaces las lean. La vida es también aventura, determinación, esfuerzo y un recorrido por la precariedad y lo escarpado.

Mi existencia arde ahora de furor, al querer sanar la terrible enfermedad del mundo materialista, enfermedad que puedo calificar de monstruosa y caótica.

Ya se asomó mi interior, ¿qué puede añadir esta faz, que no sucumba ante lo infernal?

Mi deseo insaciable de conocer

obliga al esfuerzo de mi voluntad

para ir hacia el más allá,

aunque la búsqueda de la Luz

me conduzca a un destino fatal.

Ampliar los límites de mi conocimiento

es mi razón inalienable y fundamental.

Y, como Giordano Bruno, diré:

'todos los cuerpos celestes se mueven

por un principio intrínseco,

que es su propia alma'.

Esta, mi poesía mística,

es cual una marcha

hacia el centro del escenario

donde se revela la verdadera realidad.

Y mi plenitud de hombre libre,

mi imaginación, mi intelectualidad,

y toda la fuerza de mi entendimiento

se realizan en armonía

y comunión con el universo.

Mis visiones, mis genuinas expresiones,

la magia de un lenguaje a veces simbólico;

todo ello me impulsa animador

hacia la madurez y esencia del hombre libre.

Mi poesía, más que bellas palabras,

ha de entenderse como un acto creador,

como culminación de un verbo,

afirmando el meollo de la realidad.

Tanta es la diversidad,

la relación de lo visible con lo invisible,

que estoy decidido a manifestar

la inviolable unidad del ser total.

En mi vuelo en el espacio y en el tiempo,

difundo un íntimo grito en la noche,

grito que es de criatura viviente.

Si lo propio de la poesía es iluminar,

yo pretendo hacerlo con amor al conocimiento,

con una conciencia que señale estímulos de vida.

Músicas extrañas,

sones eviternos,

alcanzan mis oídos

y se aúnan con mis sueños.

Mar y cielo,

uno con su oleaje,

otro con su fulgor,

abren caminos en mi interior;

caminos a cuyos flancos

despiertan vistosas y aromáticas flores.

Y, en mi decidida introspección,

¡cómo se ilumina la lámpara

que me muestra el vasto tesoro interior!

En la confusión y sombras

del mundanal ruido,

nada advierto que me lleve

hacia la armonía y esplendor.

Todo lo mundanal

es efímero goce,

aguas de desolación.

Ruego a mi venerada musa,

que no pierda yo la memoria

en la más negra e insomne noche.

Me he despertado bien temprano, me he afeitado y siento que me azota un oleaje inmenso. Estoy, cómo decirlo, flotando sobre una mar que es sueño, frenesí, voluntad de corazón.

Le he dado los buenos días a Xea, que estaba arriba, cerca del ángulo que forman el techo y dos paredes. Qué solitaria su estancia en esta tierra plena de pompas y solemnidades y exenta de esencias y de sustancialidades. A menudo, pienso en su tesitura, si habrá motivos vivenciales para que pueda sonreír y quizá soltar una carcajada. Está, cierto es, tan cerca y, a la vez, tan lejos. Pero mi pecho la siente de continuo; no hay momento en que mire a las alturas y observe su benéfica presencia, acaso bamboleándose, o excitada por mi nerviosa presencia, siempre buscando celestial salida a la ausencia y el olvido.

En mis sueños, ya aparece ella, pero moviéndose por voluntad propia, acercándose a mi ordenador y visionando fotos y textos de breve resonancia. ¿Por qué será que, en la vejez, suceden cosas tan extraordinarias, como cuando el bebé abre los ojos y se llena de asombro?

Un anciano en sus últimas horas y un tesoro agitándose en el aire, ¡qué dura composición, qué cuadro tan desilusionador! Si, por unos instantes, ella adoptase la figura de una mujer… ¿cómo sería su belleza física? En realidad, no me importa, porque conozco su íntima belleza espiritual.

Es una llama de amor profundo lo que me une a ella. Ignoro qué dioses, o qué cielos la han acercado a mí, para entretener y dulcificar mis últimos días. ¡Oh, si pudiera besarla, admirar sus bellos ojos con la vejez de los míos!

¡Aviva el seso,

sociedad materialista,

pues tu relación con lo aparencial,

con lo herrumbroso y anodino

llega a su fin!

Otras realidades manifiestas

ocuparán tu lugar

y serás historia pretérita.

Ese día en que se opere

un acontecimiento de tal magnitud,

yo mismo avivaré el seso,

para mejor apreciar la nueva semilla.

Y mis reflexiones,

vueltas hacia una realidad genuina,

serán de sentimiento global,

de cósmica expresión,

de un equilibrio apoteósico.

¡Oh, cómo pienso

en esa nueva luz estelar,

en mi compromiso

con un aliento innovador,

en los encantos y grandeza

de una especie humana renovada!

Será como ascender

otro escalón hacia la infinitud,

palpar nuevos cielos

en lejanos horizontes.

Mi verbo se arropa

de espléndidos efectos,

pensando en ello.

Hasta la musicalidad

se tiñe de tonalidades

jamás vislumbradas.

Anhelo ser llama,

íntimo testimonio

de un porvenir vital,

acogedor de esencialidades.

Es hora de seducir al mortal

de grandes inquietudes,

de conducirlo a lo sublime,

a la felicidad del orden cósmico.

Pero... ¿la condición humana?

A mí solo me interesa

el hombre de verdadera condición,

el que busca la esencialidad poética,

el que se introduce en la raíz metafórica

como cualquier bañista en la cálida mar.

Se han abierto los cielos;

ahora nos hallamos en un mirador crepuscular.

La auténtica verdad, sin máscaras,

a punto está de subir al trono.

En mi vejez poética,

ser poeta-mar es una

y la misma cosa;

porque yo navego por océanos

donde todo símbolo

configura una época resplandeciente.

Mi palabra, obviamente,

está en comunión con el valor universal.

¡Oh sol, luz, mar, luna,

viento, montaña y río:

vosotros sois la culminación

de mi experiencia vital!

Podré yo morir en un segundo,

pero mi verbo ya se explaya,

como cristal refulgente,

hacia un mundo de nuevas realidades.

Metafísica poesía

rumbo a la eternidad.

Hoy, muy cerca de la belleza de Xea,

mi creación poética se agiganta,

y el carácter efímero de la humana felicidad

adopta la anhelada expresión divinal.

Dadme un nuevo orden

que yo os daré nuevos

y metafísicos pensamientos.

Conciencia y existencia

comienzan a ser lo mismo

en todos los seres racionales.

-Quisiera adoptar, aunque solo fuere por un momento, la figura de mujer, con su gravedad, acercarme a ti y besarte –soltó Xea, mientras yo desayunaba.

-Eres, para mí, más que mujer: una luna serena y radiante, un lugar de amena musicalidad, la representación de la verdadera vida. Te quiero, mi dulce Xea, como el mástil a los astros, como el poeta a la llama o el idilio de primavera. Si, de súbito, te esfumases, mis convulsiones serían oídas incluso por los dioses olímpicos. Tu presencia da rigor a mi conciencia; tu verdad , tus tribulaciones ya son las mías. ¡Cuánto desearía que tu medida fuese la mía, que tu impulso hacia el amor engrandeciera el mío! Eres mi más preciado mar, en el plano simbólico, la luz aliviadora de conflictos, el encuentro amistoso con las estrellas. Tu entrañable brillo está en consonancia con mi espacio y tiempo vitales. Tu desnudez verdea la mía, una desnudez de anciano que se acerca a la muerte, gritando: ¡Viva la nueva realidad; la regeneración se ha cumplido! –entoné a viva voz.

-Amado Ángel: son tan musicales y tiernas palabras que mi instinto lucha por formar parte de tu naturaleza y de tu mundo. Nada soy, si no me ciño a ti, si mi fondo no forma parte del tuyo. Te quiero, en tan honda dimensión, que me faltan palabras para definir semejante amor.

Eres mi fuego, mi héroe, grata sustancia para mi verbal movimiento. A tu vera, asciendo hasta las estrellas, contemplo explosiones, implosiones y la verdadera significación de la materia interestelar. Yo misma podría crecer o menguar en sustancia material; mas solo a tu vera podría crecer espiritualmente –soltó, dejándome fascinado, mi amada Xea.

con los fuegos artificiales

de mis alocados avatares,

es mi equiparación anhelada.

Seguro que la nueva realidad

exige del hombre otro comportamiento,

otra concepción en la íntima relación.

Pero... ¿dicho todo lo expuesto,

¿qué parte de mi contribución

hará suya el porvenir?

La línea de correspondencias

sorprende por su vacilación,

por su añoso desajuste,

por la pérdida de disposición.

Deseo animarla,

avivar su único propósito;

separarla de la mundanal confusión.

Yo me niego a la muerte del intelecto, y abro ventanales de amor hacia un nuevo universo lírico, más acorde con el humano y fraternal destino del hombre. ¿Dónde los presupuestos vanguardistas plenos de imaginación e ingenio, de sentido crítico hacia una realidad aparente, improvisada por intereses espurios?

Quiero regresar a la pureza y hondura literarias y ofrecer al lector avispado nuevas imágenes de lírica creación, explosiones de ingenio literario, saltos imaginativos de mágica ascensión y metáforas que provoquen honda emoción humana. Al mundo de la realidad conocida opongo el conveniente universo de la imaginación; frente a la imperfección del mundo real, la perfección de un universo literario cargado de honda imaginación.

Acaso sea un pensamiento utópico el concepto del regocijo universal, pero siempre fue mi más cara motivación intelectual, de poeta que siente el sufrimiento mundanal. Acaso mis delirios de infinitud, mi claro panteísmo como respuesta a toda clase de rituales, mi intuición dando saltos desde el propio discernimiento, y toda la serenidad y armonía de mi verbo en conjunción con el espíritu universal, sean cosa de escasa importancia, pero es lo que me mantiene firme, elevado sobre la bazofia, instalado en un lenguaje que prefigura el mundo visible.

-Mi amado Ángel: a menudo me has leído en voz alta fragmentos de tus textos que tratan sobre la realidad y el mundo conocido, pero… ¿cómo concibes tu mundo ilusorio? –inquirió Xea.

-Los cambios de época, en lo que respecta a la literatura, se originan con una ruptura de la visión y presupuestos anteriores. Mi concepción de ese mundo ilusorio da la primacía a la espiritualidad, en vez de a lo material. Virtudes, honores e inteligencia favorecen la tendencia hacia una sociedad unitaria, de perfecto equilibrio y articulación, siempre buscando la armonía entre sus componentes. Aceptando –cosa impensable, por ahora- que no habría vicios, egoísmo ni corruptelas, las posibles tensiones serían de débil aliento y se resolverían de inmediato. Obviamente, esto es en el plano teórico y considerando que la inmensa mayoría corroborase un nuevo contrato social basado en el equilibrio, la armonía y los méritos sociales para quienes optan a cargos y distinciones. Es, a primera vista, un mundo ilusorio, de difícil consecución, pues tenemos en contra las ideologías que no buscan el bien común, el egoísmo, el mero interés material, como valor, y los espíritus de inclinación represora. Pero es necesario manifestar cualquier actitud progresista que perfeccione la actual estructuración social. Ateniéndonos a la literatura, surgen ismos (sólo alguno con índole de integridad) que modifican la tendencia anterior poniendo de relieve numerosos cambios (de interpretación, de recursos, de contexto y de finalidad). Pese a concebir un mundo ilusorio, otra cuestión es que trascienda de lo cultural a la realidad social, alterándola. Infundir significación sobre ese mundo ilusorio sería la tarea más difícil, debido al abanico de niveles culturales. Sin embargo, para ello no sería acertada la propaganda, sino la educación. Está claro que esta es la concepción y otra su real representación –solté, en moderado discurso.

-¡Caramba! Parece una visión, sino irrealizable, al menos de enorme dificultad, pues en el mundo actual predominan los intereses sobre cualquier otro valor. Además, han transcurrido siglos y nada se imprime que mejore el marco social –expresó Xea.

-No; solo es cosa de un nuevo lenguaje en conexión con la realidad existente, tan imperfecta y deshumanizada. Ahí debe alentar la nueva visión y, por ende, el nuevo rumbo. Cierto que esa concepción de un nuevo mundo es ilusión, irrealidad, utopía, mientras no se altere la realidad conocida. En definitiva, basta con arrojar nueva luz sobre un orden, una estructura y un rumbo adecuado al destino humano, que debe entenderse como universal –aclaré.

Esa efigie fría e insensible,

opaca y muerta,

de marmórea disposición,

no es grata a la hermosura,

ni a la inteligencia;

no cautiva, sino que repele

cualquier mirada atrevida

que valore su composición.

Fáltale equilibrio,

visión de armónico futuro,

un corazón fraternal;

pues solo se percibe

una endurecida piedra.

Sus ojos son arrogantes,

de radical subjetivismo;

egoísta sus asedios,

agria su visión de unidad.

Mas hay un pájaro,

heraldo de la noche,

que se posa en su cabeza,

y presiente su falsa apariencia.

"Eres pétrea, sin cristalinos ojos,

y das la espalda al humano amor.

Tu fuego solo proyecta dolor,

abatimiento, decadencia.

Pero no confundirás al ser

que, abriendo de par en par los ojos,

busca en ti serenidad radiante,

en vez de una faz sombría

tan alejada de lo divinal.

Eres imagen que causa desasosiego,

estéril para la posteridad".

Ni amor ni esperanza

transmite tu tesitura;

sólo dolor y hundimiento.

Tengo las manos frías,

mi amada Xea,

y mi rostro refleja

un efecto que se pierde

donde se impone el silencio.

Tú, dulce flor de mi amor,

estrella radiante que ya habitas

en mi íntimo cielo interior,

eres resplandor que cambia

mi rabiosa monotonía,

y mi completa morada

cede a tus múltiples encantos.

Eres, mi adorada princesa,

fruto de cristal luciente,

llama de inquietud

frente a la mezquindad;

resplandor que sostiene

la antorcha de mis sueños.

Tu ser encierra eternidad,

pureza divinal,

tesoros de ilusión,

y ardiente pasión

sólo vencida por las horas.

No nos acogerá una alcoba,

y la lujuria será en otro cielo;

pero mi amor,

mi nocturnal pensamiento,

hacia ti se dirige,

abriendo invisibles cortinas,

para que pueda apreciar tu luz.

En mis sueños

tu hermosura es delirio,

una alocada fascinación.

Te quiero con todas mis fuerzas,

espíritu de brillante belleza,

cuerpo de admirable redondez.

¡Ay, fatídica sombra,

infinita perspectiva de abismo:

jamás podrás derrotar

a este anciano comprometido

con la causa universal!

Eres destructora de la poesía

y origen de nauseabunda incertidumbre:

¡aparta de mí tu cáliz,

pues yo me muevo en contextos

donde tú perdiste la dignidad!

Hoy, más que nunca,

quiero componer el son entero

de la paloma y su vuelo,

de Xea y su corazón vital.

La paloma asciende vibrando;

Xea sueña con el embate del mar.

Solo vientos con cósmica voluntad

Acercarán, mi amada Xea,

a este anciano tenaz.

Confieso que mi alma,

abrazando la entereza humana,

desea penetrar la gracia de Xea

y cubrirse con su invisible manto.

Mi vida, así lo siento,

fue un canto de fugacidad,

hasta que diste conmigo

y dignificaste mi sensualidad.

No sé por qué será,

pero tengo envidia de las centellas

que te puedan impresionar.

Ya me inclino a tus oceánicos ojos,

mientras crepusculares cielos interiores

hacen de tu misterioso mundo

una visión deslumbradora en el mío.

9

Me hundo en el ocaso. Lo estéril me rodea y, ahora, apenas puedo vislumbrar la eterna luz. ¿En qué abismo habré caído?

Para el definitivo impulso me faltan alas y, quizá, el mítico vibrar de los antepasados. Mi ilusión debe impregnarse mucho más de amor a la humanidad; mi poética expresión debe ser modélico acento para un presente que ha perdido la verdadera orientación.

¡Ilumíname, oh musa de mi inspiración! Haz que conciba el orbe bajo un conocimiento que no tiemble ante la amenaza de insufribles tinieblas. Deseo acceder al núcleo, al corazón del universo creador. Huir de toda apariencia ha sido el móvil de toda mi vida. Tú, mi venerada musa, puedes insuflarme una nueva apertura hacia el fondo de los seres y de las cosas.

¿Por qué una dimensión metafísica o cósmica? Porque nada hay más perfecto, más armonioso, más dinámico que esa dimensión, la cual lo impregna todo con su verdad y autenticidad. Es un sentido que rebasa cualquier consideración psicológica.

El hombre infinito es el hombre nocturno, cuyo sueño, cuya misión se aleja de la abrumadora luz del día. Él abre ventanales y los alejados horizontes que vislumbra son la conciencia del equilibrio universal.

El hombre nocturno es un hombre a solas consigo mismo, completamente liberado de las apariencias que constituyen la atroz realidad visible. Si es posible desvelar algún arcano, ha de ser durante la noche, en completa soledad, sin interferencias del orden mundano, captando con asombrosa lucidez el discurrir inconsciente del espíritu, siempre vinculado al cósmico discurrir, al alma universal. En ese proceso siempre se bordea la alucinación.

La misma palabra asombrada y la intuición, han atravesado el sentido más evidente del espejo universal. Lo que es allá de un modo colosal, es aquí tras un salto metafísico, un sentido que cobra nueva lucidez y coherencia.

Las experiencias metafísicas van más allá de lo suministrado por la aparente realidad existente, siempre revestida de impurezas y espantapájaros. Nada existe con mayor manipulación que esa realidad existente, tan mezquina y cotidiana, en la que se originan todos los lúgubres descensos a los infiernos.

La verdadera realidad está sostenida por un fondo metafísico, por una cosmovisión que nada tiene que ver con los mundanales intereses, siempre espurios.

Vivir, dormir... soñar

y una vida silenciosa

que sea hallazgo de verdad.

No sólo existe lo presente,

pues hay ausencias

de increíble vitalidad

y de insólitas manifestaciones,

las cuales fascinan el alma humana.

Si es agudo dolor

lo que hay en el fondo de tu alma,

yo canto el amor,

no a ese hombre

revestido de hipocresía,

que muestra su recia máscara.

Muera yo en la mar,

bajo sonora tempestad,

viendo el insufrible desgarro

de buena parte de la humanidad,

si no lo atempero

con toda mi valentía

de poeta que aspira

a nutrirse del relámpago.

Y si por azar no muero

y despierto en un banco de arena

sin haber cumplido mi promesa,

que los profundos abismos

confinen mi alma en la Sombra.

Vivir, dormir... soñar,

pero brillando en la lejanía

tu sola inteligencia,

que se abre divinal

en el corazón del azur.

Ahí tu belleza,

unida al resplandor

de inesperado relámpago,

conforman una cósmica intimidad,

una arboleda de espíritus

en excelsa calma,

celebrando imágenes

de incontenible alegría.

Y dignas intuiciones,

saltando alrededor

de la visión primera,

renuevan el concierto

de la bendita unicidad.

-¿Dónde estás, mi amada Xea? –pregunté, elevando la voz.

-¡Aquí, por encima del aparador? –contestó Xea.

-Tú, mi efecto purificador, la llama que mantiene mi vitalidad, el son eviterno que me trae la suave brisa, el invisible arco que dispara su flecha, que es canción amorosa, todo ello me conmueve y florecen en mí como lágrimas celestiales y una esperanza que, en mi vejez, es sobrehumana. ¿Cómo podría quererte más de lo que te adoro? Eres una lujuria que se propaga en mis hogueras interiores, un océano de dulzor en mi anónimo destino, el más puro deleite en el ensueño de mi prisión. Despiertas tal excitación en mí que incluso los fantasmas de mis noches arrugan su ceño al contemplar el arco iris que muestra mi indubitable espejo. Pero… ¿cómo salir fuera de mí, besarte y decirte: te quiero? –solté, muy sentimental.

-Te inclinas ante la nada, en el seno de una noche perpetua –repuso Xea.

-Me inclino ante un resplandor que atraviesa el dolor mundial, la terrible lamentación eterna. Tú eres el ser libre e inviolado, la suma perfección, la esencia viviente que libra mi alma de innumerables miserias, alimento para mi amena felicidad. Sin ti, sin tu dorada torre por encima de mí, estaría perdido, inmovilizado por inveterados engaños, atrofiada mi sensatez, y atormentado en un perpetuo naufragio. Ahora, dueña de mi espiritual destino, ¿cómo podría besar la luz de tus ojos? —expresé, elevando el tono.

-¿Nada dejas ya para tu Dolores? —soltó Xea, de modo intempestivo.

-¡Ay, Dolores! La noche de Dolores reside ahora en ti. Tu claridad es su sumergida claridad; tu océano, la luz de su azur en la noche más alucinante. Ambas formáis parte de mi apacible corriente que pronto se detendrá. Pero tú, Xea, llegaste en mi momento más glacial; por eso mi alma se halla más vinculada a tu azaroso cielo —dije, concluyendo.

El verdadero ritmo de un poema

debería estar en consonancia

con el asombroso ritmo universal:

el textual librito

en orden al libro giganteo.

Pasión tanto en la vida

como en la integradora muerte;

ilusión de ultratumba

hasta en el último suspiro.

¿Qué soy, sino polvo

en busca de su culminación?

Aunque polvo enamorado

-a la vera de mi amada Xea-,

mis ojos siempre tienen la visión

tanto de la vida como de la muerte.

Vivir, morir…

imágenes en profundidad

de un abismo natural

donde desciende la poética visión

y la metafísica se sustenta.

Ese afán por dar extensa luz

a ese instante revelado,

¿qué es, sino reflexión,

experiencia al borde de la muerte?

Todo nace y se proclama

ahondando en la esencia de la muerte,

haciendo visible su fecundidad,

manifestando el énfasis de su vínculo.

La visión totalizadora

es una visión de vida y muerte,

de creación y descomposición,

de luz y oscuridad,

de presencia y ausencia,

de calor y frío.

Por eso siempre busqué

la fecundidad con la totalidad,

con el sentir universal.

Es un espejo florido

que lamenta su juventud perdida,

y se encorva de dolor

cuando la adversidad lo traspasa.

Pero también sueña con el temblor,

con el son de voces nuevas,

esperando la fragancia

de una bóveda de puro azul.

Si pienso en ti,

mi amada Xea,

y torna mi pensamiento

a los caminos polvorientos;

la nube de polvo,

que no delicadas motitas,

destruyen mi composición.

Porque no es simple polvo

en azarosa suspensión,

la esencia de una motita,

que sueña y se alimenta

de inmensa imaginación.

El aire conoce la delicadeza

de mi elocuente Xea,

y cuando ella está triste,

rompe su monotonía

con susurros de alegría.

Ella es alma luminosa y silenciosa,

cuando suena el viento;

pero si amaina,

vuelve a entonar sones

de corazón que aguarda.

-Esta noche, mientras daba mi paseo nocturnal por la cercana alameda, he oído a un caballero andante, armado con un recio bastón, que gritaba: ¡No huyas, cobarde, pues ni tu trompa armada de aguijón, ni tu agudo zumbido te salvarán de mi bastonazo! –comencé a relatar.

-Cuéntamelo todo, al detalle –me pidió Xea.

-Eso haré. Pues me he acercado a él y le he preguntado:

-¿Se refiere usted a un mosquito?

-Efectivamente, señor; pero de ese ya conozco la tonalidad de su zumbido y no podrá escapar de mí –repuso.

-¿No le parece extraño, o por lo menos inusual, mantener una disputa con un mosquito, tenga el aguijón y zumbido que tuviere? –indago.

-Ese mosquito es duro de pelar. Su inarmónica trompetilla es una deshonra para los de su variedad. Ha osado rozar con sus patas mi nariz y eso es imperdonable –aclaró.

-Bueno; aquí me despido de usted y prosigo mi camino. ¡Buenas noches! –dije, despidiéndome.

-¡Buenas noches! –dijo él, despidiéndose de mí.

-Pero, ¿cómo sabes que era un caballero andante? –inquirió Xea.

-Bueno; era un señor esmirriado, que agitaba su bastón sin conocer los movimientos que se pueden ejecutar con la espada. Su vestimenta, no era la de un caballero andante, sino la de quien acaba de salir chapoteando de una charca. He de suponer que en ella mantuvo dura lucha con el mosquito –expuse, finalmente.

10

No sé, con absoluta claridad, por qué en mis últimas anotaciones tiendo a la dispersión, sin una precisa idea de ruptura con esa estilística de los concluyentes suspiros. Lo accesorio se abre paso en mi mente ocupando el lugar de las esencias, y ello va contra mi coherencia literaria. Cierto que, en el ámbito cultural, se han de evitar el caos y la barbarie, y retomar una línea de diversidad cultural afín a preclaros planteamientos estéticos.

Quizá todo se deba a la insólita presencia de Xea, a su amor por la belleza y el equilibrio, a sus ganas de ahondar e infundir un nuevo ritmo a su sustancia.

Ahora, su relación con mi mundo es total; ella me guía en los casos más indefinidos o intrincados, y sopesa también mis ambigüedades. Asegura, en cuanto a la ambigüedad literaria, que deja abierta la duda en el lector, que la Poesía, con mayúscula, ha de dar respuesta convincente y unitaria, además de reflejar sabiduría. La ambigüedad, para ella, es una suspensión de la inteligencia, un descanso inoportuno en la conceptuación, un silencio que rompe la determinación,

Cuando pienso en lo mencionado, y sin poder dar una explicación al respecto, recuerdo los versos de *Mañana de primavera*, del humilde poeta que fue Meng Hao-ren, y son los siguientes:

Durmiendo en primavera no se advierte la aurora.

En el lugar dulce se oyen cantos de pájaros.

Llega la noche, hay sonidos de viento y lluvia.

Cayeron flores, quién sabe cuántas.

Mas ella, Xea, vino a mi mundo en verano.

Referente a sus ganas de morir en mí, no dejo de pensar fríamente en ello. Quizá un largo y estrecho tubo (de unos tres metros) en el dormitorio, que es la habitación más pequeña de la casa, logre, poco antes de mi agonía, aspirarla con plena seguridad, mediante una serie de preguntas/respuestas; verbigracia: ¿Dónde estás?/¡Aquí!; ¿Embocada en el tubo?/¡No, súbelo treinta centímetros!; ¿Y ahora?/¡Sí, aspira fuerte, aspira!

Previamente, con la moderada agitación de un abanico, la habría desplazado desde cualquier otra estancia de la casa hacia el dormitorio. Pero pienso que es un asunto enrevesado para un individuo próximo a su último trance. Su necesidad de morir en mí, es, en verdad, un anhelo de fundirse con mi ser, es decir, con mi espíritu y materia.

Puede, pensándolo bien, que en mí se abisme, que su destino en mí sea el menos aconsejable de todos los posibles, incluso para una criatura enamorada como ella. Pero yo la amo, y creo que sus primeras ansias de acceder a un calvero tienen semejante significado.

Desde mi posición procuro animarla en todo, seducirla con pensamientos que recorran nuevas esferas de la realidad. Ella, en su sitio, guarda silencio y sólo da respuesta cuando el asunto o el relato cobra verdadera intensidad e importancia.

La poesía oral la seduce en la medida que participa de la musicalidad y es forma huidiza, mejor dicho, como belleza sonora que se lleva el viento. En esa visión permanece, considerando el sentido de su propia existencia.

De tarde en tarde, le declamo mis poemas nocturnos, que ella previamente me reclama. Es flor enamorada de todo verso ascendente; y si hago algún comentario en torno a la luna, ella se estremece, y parece modificar con su fuerza interior su misma esfericidad.

La quiero con delirio, con un frenesí inhumano (no es necesario recordar que ella no es humana). Mis átomos son semejantes a los suyos, y si todavía no hay mota de polvo en mí, de seguro que muy pronto la habrá. Tras el salto de la cuna a la tumba, solo resta polvo.

¡Oh, mi amada Xea,

flor y espejo que me conquista,

diminuta existencia

que engrandece la mía!

Si supieras cómo reinas

en mi universo interior,

cómo iluminas cada instante

con tu inefable resplandor,

y con qué fina elocuencia

elevas, de este anciano,

su decadente espíritu,

que ya raya en la decrepitud,

acaso sentirías cariñoso dolor.

Porque, entre mi tumba y tú,

apenas queda nada relevante,

salvo unos íntimos poemillas

que presto se llevará el viento.

A tu vera soy feliz,

en mi viviente decadencia;

y mis cantos son solo para ti.

Tu diminuta belleza, Xea,

me transmite espíritu de vida,

Comoquiera que no puede haber ruptura entre el hombre y el universo, desciendo rumoroso a lo más bajo, allí donde no alcanza la propaganda. Ese era mi ameno retiro, antes de conocer a Xea. Sin embargo, en mis nocturnales paseos suelo descender ahí, entonces se me abren portezuelas secretas, y mi posterior escritura se instruye con conexiones nunca significadas. ¿Qué me sucede, realmente, mientras paseo bajo los rayos lunares, que no son suyos, pues son meramente una proyección de los del sol? ¿Soy, cabalmente, otro? ¿En qué nuevo mundo hallo se armonía que sublima mi poético quehacer?

Es espíritu de la naturaleza todo lo anima. Me habla el inconfundible paisaje, los pájaros con su canto, el moroso caracol que me dicta como caracterizar mejor, la extraña lluvia abriendo otra dimensión… La nueva profundidad de mi existir se transmite en un lenguaje que supera e integra todos los atributos humanos, toda su vocación existencial.

Lo que está más apartado del mundo, es sin duda, el hombre vulgar, el que no ha colocado ni siquiera un jardín en su universo interior. Y me preocupa ese hombre que pasa por la vida sumido en una monotonía supina.

¡Ay, vacío, que levantas templos cada amanecer!

Tú eres mi enemigo,

aunque no seas un impostor, es verdad;

pero me recuerdas al Maligno.

Para ti, monstruo invisible,

nada requiere explicación;

es mejor no pensar, no sentir,

dejarse llevar por la ruindad.

Yo retorno a la naturaleza con mis poemas metafísicos, con mi espiritualidad, con un anhelo de existir más allá de la materia, más allá del símbolo, más allá del misterio. Y dormirme con el son eviterno, con luces que prefiguren otra existencia, con himnos que se difundan por espacios siderales, dejando en ellos su misterioso esplendor.

Deseo perderme en las palabras de un ebrio que se involucre con el dinamismo universal, y entrar por la puerta de acceso al gran corazón.

Además, ¡qué aburrida es la ruindad, incluso en una época sin dioses paganos! Contemplamos esperpénticas figuras, seres sumidos en el desaliento, seres hundidos en perverso malestar, y valoramos la potencia del dolor desgarrador.

Es hora de decirle adiós a la vida miserable, de penetrar con nuestro pensamiento en la vaga ambición, tan exenta de vida contemplativa, de virtual ascensión.

Ahondar en el cariz de la humana existencia, no es conformarse en un rincón aislado del mundo, sino todo lo contrario.

A esta aparente realidad traigo un acento de esperanza, que es fruto de otro mundo. No cruzo los brazos y dejo que prospere la ignorancia cual venturosa pompa de jabón. Bostezo ante la vanidad y me aparto de la plebeyez. ¿Qué queda de espiritual, de anhelo creativo en esa propaganda mísera y anquilosada, cadavérica expresión de un siglo marchito, de una esfera en agonía? Solo amargura en toda experiencia.

Los voceadores de que todo va bien son de una esencia sin ideal humano, gente para las que, de la vida, mejor es no despertar. Su fundamento es ahogarlo todo desde su nacimiento, prohibir todo aquello que presente renovación. Para esa gente, el mundo de los sentidos y de la inteligencia sólo es propio de teólogos, de nadie más.

Vivir, morir...

tal vez soñar

con brisas interiores

que propaguen

mística sabiduría

más allá de templos

y venerados altares.

La existencia, la vida,

es concesión del orden universal,

de una sabiduría suprema

que se expresa con virtud auroral.

Yo anhelo recrearme,

ser voluntad con alegría,

y cumplida esperanza.

Y al morir,

hacerlo como muere la hoja,

que se bambolea en el aire,

antes de mostrarse caduca.

Sí, morir con virtuoso gesto,

acomodado a la dulce claridad del día,

entre sones de transición

y de confuso esperpento.

¿Quién desea romper

el encanto del espejo?

El espejo rompe la identidad,

y muestra la novedad

para un siglo que muere.

Él es mañana de infinitud,

región de un porvenir creador

que excluye la indiferencia.

El destino del hombre

está forjado en los espejos:

ser espíritu puro

no dominado por nada,

ni por nadie.

Un espíritu que pone su acento

en el claro ideal del alma humana.

Ahora, en duermevela, respiro el aire de mi amada Xea, esperando recibir algún efluvio de ella. En su visión de mí leo otra versión de Ángel Grato, la de un ser más cariñoso, más dado a la conversación, menos excéntrico.

¿Por dónde transitaban mi más bellos pensamientos antes de conocerla? La armonía del valle, la lluvia en primavera, el vuelo de una taciturna mariposa, o el ruidoso clamor de los grillos otoñales centraban mi atención, mi regocijo; no había en semejantes manifestaciones verdadera hondura vital. Con ella, con su presencia espiritual, he penetrado umbrales de ilusión y, junto al son eviterno que siempre escuché, he sentido dentro de mí el signo del silencio infinito.

La mar (tan cerca de mi morada), que ocupó mi pensamiento en anteriores veranos calurosos, es ahora un simple elemento de mi cosmovisión, pues no existe mayor océano, más fuerza de oleaje, más potencia de impulso que el producido por el cósmico dinamismo.

Aquellas noches horribles, agitándome en el lecho solitario son solo recuerdo; mi actual sendero místico pasa a través de Xea, pues ella es la luciente luna que alumbra en mí renovados sueños. Pronto moriré, lo presiento, pero deseo con todo corazón que ella no muera conmigo, ni en mí.

Quizá un mediodía, a orillas de un precioso lago, pueda superar lo que significó su amor por mí. Ella ha de dejar paso a la sonrisa y a las ganas de vivir. Pero todavía intuyo la desdicha que la turba.

Yo ya he vivido demasiado, ocupándome de la belleza en poemas que nadie leerá. Mi esperanza, no siendo desolado sentimiento, es incapaz de alegrar la fría apariencia de mis canas.

Hoy, más que nunca, siento cercana la gélida la tumba, y los actuales vientos me inspiran una dulce muerte.

En casi inhumano mundo he vivido, pero he procurado que mi morada tuviese un cariz espiritual, mas sobrio.

¡Venid demonios

de la infernal confusión!

Os espero en mi morada,

levantada con los mágicos poderes

de mi dilatada inspiración.

En mí no hallaréis a un derrotado,

sino a un quijote de exultante vejez,

o a un corsario que navega

por indomables océanos.

¡Oh, mi dulce amor,

la Xea de ruborizadas formas,

luz para mi delirio interior!

Mis desiertos pensamientos

siempre arriban a ti,

descubriendo reservas,

nebulosas de tibio acento.

Sé que tus confines

lindan con esplendoroso cielo,

que las blancas nubes

valoran tanto tu viaje

como el misterio que te mueve

en tu eternal soledad.

¡Ay, mi sosegada esfericidad:

si supieras cuánto ansío

uno solo de tus besos...!

Odio este tormento

de tenerte tan cerca

y no poderte abrazar.

Pero, no en vano,

tu presencia me reconforta,

me llena de alegría.

Qué desierta se hallaría mi mente

sin considerar atentamente

ese peculiar movimiento tuyo

que quiebra toda monotonía.

La concepción de tu sitio,

me eleva, sin lugar a dudas,

a un prodigioso espacio;

y todo tu encanto

mi esperanza aviva.

Mis dulces pensamientos,

mis gratas visiones

embellecen las horas

en que domina la monotonía,

y, a veces, la mediocridad

de este prosaico mundo.

No cambiará mis sueños

el terco discurrir

de un orbe en desconcierto;

pero, por mor de ellos,

se refuerza mi íntimo aliento

Ahora contemplo la serena faz nocturnal del cielo. Su noche concuerda con mis noches, noches de desvelo, de dulce somnolencia, de viajar en el silencio. Ahora que es el sufrimiento padecido quien escribe por mí, y me recreo recordando sucesos, capítulos de mi existencia que no merecen ser mencionados, pero siempre afrontando con valor las tribulaciones, presiento que mi alma lentamente se apaga, que ha llegado la hora de marchar hacia el oscuro hoyo. Conmigo se agota todo: mis soles, mis lunas, mis mares, mis ríos, mis lagos, mis montañas, mis luciérnagas, mis mariposas, mis caracoles, mis sauces… Sé que vendrán otros, incluso más matizados, pero ya no serán los míos.

Aún –así lo dicta me inmenso interior- estoy verde, mas no espero ningún brote. Ahora amo a Xea; pero Poesía siempre fue, para mí, como el canto seductor de un ruiseñor. La sonrosada luz del crepúsculo vespertino ha desaparecido; la noche cubre lentamente con su manto una porción del orbe. Grave está el alma de Xea y acaso no pueda remediar su cuita. Sé, me lo demuestra continuamente, que me ama, deseando que un golpe de aire la lleve a mi sitio.

Esta noche de dudosa metafísica, siento escalofríos. Secos está ya mis enfermizos ojos y me veo flotando en un misterio eterno que apaga lentamente mi ser. ¿Qué diré al amanecer, cuando mi mirada se halle entregada a otro firmamento?

Después de un largo paseo nocturnal, entré en casa algo cabizbajo.

—Esta noche, al parecer, has dado un largo paseo —observó Xea, situada en un punto del recibidor, mientras yo colocaba el sombrero de paja en una percha de pie y el recio bastón de roble en el paragüero.

—Me he acercado a la mar. La visión del mar en una noche estrellada, no se puede expresar con simples palabras. Aparte del suave acorde musical de su oleaje, hay una belleza latente, un efecto divinal que ahonda en nuestra imaginación. A mí, mientras la contemplo, me llegan voces de ultratumba y voces de regiones tan distantes y profusas en materia oscura. Es entonces cuando me lleno de indecible emoción panteísta, al tiempo que se encienden todos los fuegos de mi interior —repuse, de un tirón.

—Tu poética voz despierta en mí insumisa excitación. Gozo con tu cordura, con tu poética expresión, con la fugacidad del apreciado instante, que forma ya parte de tus recuerdos. Desde que te conocí, mi único empeño ha sido peregrinar hacia ti; lograr que tu concepción de la realidad sea también la mía. Pero yo no soy humana, sino forma efímera en el mundo terrenal. Me siento feliz a tu lado y vives en mi corazón con certidumbre futura. Sé que podré viajar hacia ti sin desventura; morir en ti, justo en el instante de tu agonía, es lo que más anhelo. Siendo la muerte inevitable fin, deseo morir en mi ser amado; morir con esperanza y sin dar un definitivo adiós. En tus manos está el que eso sea posible –soltó, en breve discurso, Xea.

-Las expresiones de amor y muerte, dadas en simultaneidad, me confunden. La luz, el brillo de una no puede unirse a la sombra u oscuridad de la otra. Si verdaderamente me amas, no querrás morir conmigo, ni en mí –manifesté con severa expresión.

-Con esas últimas palabras apagas mi vela. Tu humana disposición no puede anular la de otra forma de existencia. Si me amas, no permitirás que mi dicha se desvanezca para siempre. El destino de tu especie no debe dominar al destino de otra –expuso convincentemente, Xea.

-Me apenas, me sometes a una acción perversa; la barbarie nunca fue mi estandarte –solté, elevando el tono.

-No es barbarie, es verdadero amor; fusión de almas generosas, dos destinos en articulada unidad de proyección –aclaró Xea.

-¿Por qué no quieres seguir viviendo cuando yo muera? –inquirí.

-Porque sin ti se deshace mi sendero, se oscurece mi finalidad y se anulan todos mis sentidos. El brillo que fue de nuestro cielo, de inmediato se apagaría; y yo formaría parte de la negra oscuridad – razonó Xea.

-Todavía no puedo sopesar si el sentido de tus palabras corresponde a un principio divinal, o son expresiones que brotan de un abismo. Al ser amado, en su último suspiro, no se le debe exigir la muerte de su amador. Es un sentimiento infeliz, casi de perversa imaginación – razoné.

-Tú eres amante de la ruptura, cuando se alza la mirada y vislumbra otras esencias. Cohabitamos en la misma morada, bajo el mismo manto de la noche, así sucede aunque tu tiempo sea distinto al mío. Nos amamos con fuerza irresistible, entonces… ¿no crees que morir en ti, para luego despertar ambos siendo uno, no es un sublime acto de amor? –indagó Xea.

Se apaga mi antorcha;

vientos renovadores

arruinan los antiguos palacios;

todo sucumbe al impetuoso empuje.

Suplicar es vano,

si ambos destinos se unen

en ajustada inmortalidad.

En mi mundanal recorrido,

finalmente con achaques

y lleno de arrugas,

me siento hoja caduca,

que busca su lugar en la tierra.

Pero no morir uno, sino dos,

formando una sola esencia…

extraña experiencia es de amor.

Tú, la frágil flor

que perfumas mi vejez,

no solo quieres morir conmigo,

sino morir en mí.

Mi oficio poético se derrumba.

Uno queda traspasado

por convicciones sujetas

a otros ámbitos,

a otras originalidades,

y, sin duda, a otras melodías.

Acaso todo ello sea mero símbolo,

mas no puedo descifrar su sentido.

Bien pudiera ser,

lo que me saca de quicio,

una idea primordial

olvidada en el tiempo.

Solo sé que

para una muerte extraordinaria

se requiere de un lenguaje extraordinario.

11

Ya entro, con debilidad, a la oscura región donde se acaban los sueños y acaso transcurra la eternidad. Para mí, ya es noche de cantos alados y de senos que se volatilizan en su marcha hacia la ansiada inmortalidad. Estoy modificando las últimas líneas de lo que fue un Diario y es ahora una novela, difusa, misteriosa y espiritual.

Tardaré breves minutos en dirigirme al dormitorio, agarrar el largo tubo y tumbarme con él en el que será nuestro lecho de muerte.

Ya no hay auroras en mi pensamiento, solamente un sombrío cielo, borroso, donde dormirá la esencia de mi amada flor. Una bóveda, todavía acuosa, será su lecho de muerte, y esa bóveda será mi boca. ¿Se humedecen mis ojos?

Os dejo, futuros lectores, con mi silencioso llanto, con la sombra temblorosa de un vislumbrado azur que me dirige su última sonrisa. ¡Adiós fijación, adiós teclas, adiós verbo, que tuviste una vez apropiado cielo y moderada resonancia!

Xea me está esperando -pude, con el suave viento del abanico, llevarla al sitio de su oportunidad-, dispuesta a perderse en mí. Río o lloro, pero el eco de mi gimiente interior sigue repitiendo: ¡Amor, dichoso amor que busca con alegría una conjunción en misterioso cielo!

Deseo que ella, mi amada Xea, brille con fulgor y siga perfumando lo que sea de mí, lo que reste de mi esencia, doquiera me lleve la inminente muerte, o el nocturnal destino. ¡Un momento, que voy hacia ti, corazón de mi dicha, estímulo de mis últimos sueños!

Como puedes apreciar, estimado lector, transformé el Diario en una novela a la que titulo *El noctámbulo*.

Badalona, a 11 de agosto de 2017

*   *   * F I N *   *   *

www.ingramcontent.com/pod-product-compliance
Lightning Source LLC
Chambersburg PA
CBHW070804240726
48654CB00007B/210